テンカラ釣り超思考法

生きない経験、報われない努力にサヨウナラ

石垣尚男・大沢健治
小林和則・吉田　孝

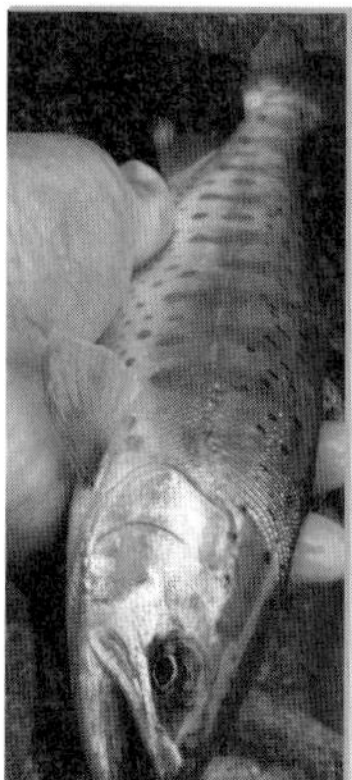

つり人社

はじめに

テンカラ釣りがちょっとしたブームです。理由はいろいろ考えられますが、道具立てがシンプルで機動性が高い、魚が毛バリを食う瞬間が見えることが多い、エサの用意や保管の手間がない、毛バリを使うことで得られるゲーム性などが、新たにテンカラザオを手にした方たちに受けているのだと思います。

タックルの発達により大河川の本流域までフィールドが広がり、毛バリはフライパターンをアレンジしたものが積極的に使われる一方で、近年は和ザオで楽しむベテランの方もちらほら見られるなど、まさに現代のテンカラ釣りはテンカラーの様相。それだけにスタンダード的な部分が見えづらくなったり、また釣りの技術をより高めたいと願う経験者は、なかなか次のステップを踏み出せない状況もあるのではないでしょうか。魚が毛バリに出る瞬間が見えることが大きな魅力の1つでありながら毛バリそのものが見えない不安、アワセのタイミング、誘うのがよいのか・自然に流すべきか、携行する毛バリの種類、そして今イチ伸びない釣果、自分がやっているテンカラは正しいのかどこかが間違っているのかなど、なんらかの悩みや疑問を抱えながら、それを解消できずにサオを振っている人は案外多い気がします。

この「超思考法シリーズ」は基本的に各ジャンル著者は1人ですが、本書では4人のベテランがそれぞれのテーマをもとに、上達のためのコツや考え方をアドバイスする構成になっています。その中から、気になった箇所やご自身のスタイルに取り入れることができるコンテンツを上手に吸収していただければと思います。

いずれにしても、ベースはあくまで渓流魚を対象とした毛バリ釣りです。そこには渓魚が棲む複雑な流れがあり、身を潜める大小の障害物があって、捕食するエサがいます。渓魚は基本的に敏感な性質をもち、生まれ育った環境や、自然の小さな変化にも行動を大きく左右されます。釣り人による人為的なプレッシャーもあります。そして、毛バリは擬餌です。それらの前提をしっかりと踏まえて本書をお読みいただき、釣り場で実践、ときには試行錯誤してみることで、きっとあなたのテンカラ釣りは向上し、より多くの魚を上手にだますことができるようになるでしょう。

（つり人社編集部より）

CONTENTS

Ⅰ 超思考に入るための実技の見直し　石垣尚男

Ⅱ 激戦区のスレた渓魚を攻略する　吉田 孝

Ⅲ さらなる釣果を引き出すために 大沢健治

Ⅳ　本流テンカラ大ヤマメ釣りの世界　小林和則

イラスト　廣田雅之

Ⅰ

超思考に入るための実技の見直し

石垣尚男

テンカラ釣り歴 40 年。愛知工業大学教授、医学博士。つり人社からの著作は『超明快レベルラインテンカラ』ほか、DVD『テンカラ Hit Vision』『テンカラ新戦術』に出演。フロロカーボンのレベルライン釣法を分かりやすく国内外に広めてきた。

毛バリが見えない不安は「点」から「面」で克服

自分の打った毛バリがどこにあるか、分からないのは不安だと思います。私も入門の頃、毛バリが見えないのは不安でした。このため、毛バリを見よう、見失わないようにと打った毛バリに目を凝《こ》らしていました。おそらくカッと目を見開いていたでしょう。波紋で毛バリのありかが分かるように、チョンチョンと引いたりしました。これだと毛バリにアタックする瞬間が見えるのですが、魚が見えるだけに早アワセになってしまい、なかなか掛かりませんでした。

毛バリが見えないケースは意外に多いものです。逆光下、薄暗い朝夕マヅメ、また毛バリが石などの向こう側を流れたり、ロングキャストで7～8ｍ先に毛バリがあるときは見えません。毛バリが沈んだり、ごく小さい毛バリを使っているときも同様です。

あるとき私は、「毛バリは魚が見るもので釣り人が見るものではない」と発想を変えました。つまり毛バリを見ようとするので、見えないときに不安が生まれる。ならばいっそのこと見えない毛バリを使えば、逆光や暗いときに「見えない！」不安はなくなるという考えです。そこで黒い胴と茶色のハックルの毛バリを使うようにしました。これだと、も

毛バリが見えない不安を解消するために作った「見えない」ステルス毛バリ

毛バリが流れている辺りを面で見るには、ある程度正確なキャストと、
毛バリの流れる速度を予測できることが必要

ともと見えないので逆光でも朝夕の暗いときでも「毛バリが見えない」という不安がありません。見えないのでステルス毛バリと呼びますが、いつも見える毛バリを使う人からはストレス毛バリといわれます（笑）。

このように開き直ってしまうと見えない不安はなくなり、それとともに魚も釣れるようになりました。今は胴もハックルも薄茶色にしたり、ハックルをグリズリーにするなど、いろいろ巻きますが、気分で変えるだけで見やすい毛バリにするためではありません。

「毛バリが見えなくてどうしてアタリを取れるのか」としばしば聞かれます。毛バリという「点」を見るのではなく、毛バリのある辺りという「面」で見るのがコツです。面の大きさは洗面器くらいです。「あの辺りに毛バリがある」というざっくりとした見方です。小さく絞って点で見ようとすると緊張し、疲れます。てんで疲れるとはこのことです。

毛バリのある辺りを面で見ていればよいのです。面のどこかで反応があるので「そうかそこに毛バリがあったのか」という見方で充分です。これは楽です。疲れません。そして遅アワセになるのでフッキングがよくなります。

それでも毛バリが見えないのは不安という人は、白い毛バリがよいと思います。ハックルを白に、胴を白やクリーム色にすると視認性がよくなります。白泡の多いところでは黒い毛バリが見やすくなります。

キャスティング精度を上げる5アドバイス

昔の話ですが、「杯に毛バリを落とすくらいの正確さがないとダメだ」などと聞いたことがあります。私は長い間テンカラをやっていますが、杯はおろかコップに落とすこともできません。実際、6～7m離れて洗面器に毛バリを落とせるのは10投に2、3回で、その程度のキャスティングしかできません。私の腕が悪いのかもしれませんが、キャリアを積んだ人でも同じくらいではないかと思います。それでも釣れます。なぜでしょうか。それは魚が毛バリを探してくれるからです。魚はエサ取りが仕事でそれしかありません。だからエサらしいものには敏感で、めざとく見つけます。このため洗面器くらいのところに落ちれば充分なのです。ただし、10投で1回も入らないようならキャスティング練習が必要です。アドバイスは5つ。

①柔らかすぎて遊びの多いサオはブレます。力の入れ加減で左右に、前後にブレ幅が大きくなるのでラインが安定しません。一般的にキャスティングがしやすくブレが少ないのは7：3調子のサオです。

②より正確に毛バリを落とすために仕掛けの長さを一定にしましょう。サオ、ライン、

キャスティングが決まってくると釣りのリズムも軽快になる

ハリスの長さがその都度違ってしまえばバラつきます。特にハリスは毛バリ交換で次第に短くなるのでときどきチェックしましょう。

③水面を流れる泡や葉を目標にキャスティングしてみましょう。泡や葉は流れ下るので、自分との距離がどんどん変わります。これに向かってキャスティングするには腕を縮めたり伸ばしたりしなければならず、間合い（距離の間隔）をつかむことができます。

④やはり上達には練習しかありません。渓流では釣ることに夢中なので練習ができません。空き地などでひたすら練習しましょう。不審者と思われない程度に。安全のため毛バリのハリ先は折っておき

ましょう。上達はキャスティングの数に比例します。ハックルをたっぷり巻いた毛バリは空気抵抗が大いので、ハックルの少ない毛バリが適しています。

⑤技術的にはフォワードキャスト（前振り）の際、軽くシュートをかけるとよいでしょう。図のように右腕（右利き）の場合、構造上、腕は外転するため軽くカーブします。これを防ぐには内転させ軽くシュートをかけるとカーブとシュートが相殺してまっすぐ飛びます。ちょっとしたコツで上手くなります。

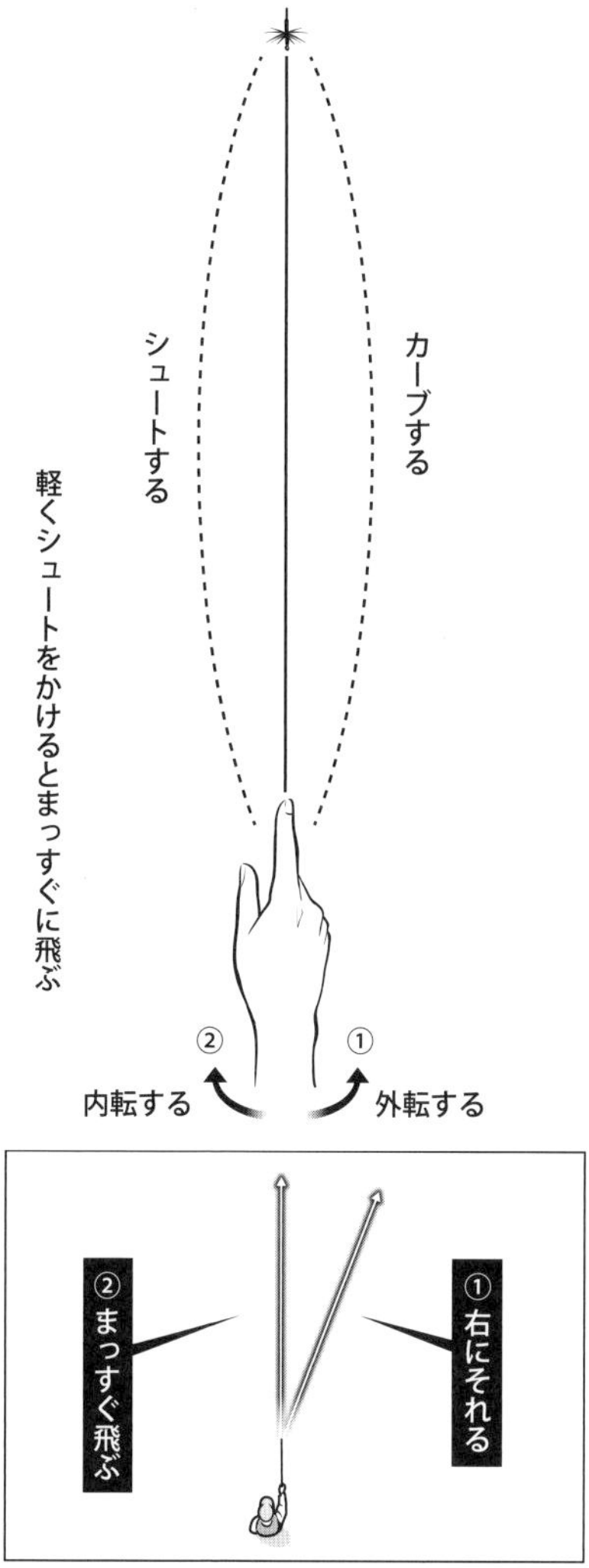

ターゲットに合った釣りをしているか

テンカラのメインターゲットはヤマメ、アマゴ、イワナです。ニジマスもターゲットですがここでは省きます。ヤマメ（アマゴも）とイワナでは、定位する場所も捕食行動も違います。ヤマメとイワナの顔を正面から見ると、まるで違うことにも気づくでしょう。ヤマメの魚体は扁平で、イワナに比べて目が頭の横側にあります。これは、ヤマメは遊泳力があり、それを活かして広い範囲のエサを捕食するタイプであることを示しています。

一方、イワナの体型はヤマメに比べて丸く、目も上寄りについています。ヒレもヤマメに比べて丸みを帯びています。すなわち遊泳力がなく定位する場所からあまり動かず、上から落ちてくエサを捕食するタイプであることを示しています。このような違いを理解したうえで釣り方を考えるとよいでしょう。

ヤマメ、イワナが混生している場所では、ヤマメは瀬や瀬脇など比較的流れのある場所、イワナは石や岩の周りをそれぞれテリトリーにして棲み分けます。ヤマメねらいは瀬が中心です。遊泳力があるのでテリトリーを外れても毛バリを追います。ただし、イワナに比べて毛バリの不自然な流れ方には敏感ですぐに見切ります。そのため流れなりに自然に流す注意が必要です。またピックアップの瞬間に食うことも多く、最後までアタリを見逃さないようにします。本当に大きなヤマメは底に定位し、毛バリを追って水面まで出ることは滅多にありません。

ヤマメ（上）とイワナ（下）。同じ渓流魚でも習性の違いをよく理解して臨まないと、ちぐはぐな釣りになってしまう

イワナは「岩魚」と書くように、石や岩のエゴ（エグレ＝隠れ場）に定位するので、石に沿って毛バリを流す、空からエサが落ちて来たように1ヵ所に毛バリをポンと打つなどが効果的です。テリトリーを出てまで毛バリを追わないので、長い距離を流しても無駄です。ただしヤマメに比べて貪食《どんしょく》なので毛バリを何度でも追うことがあります。

これが混生ではなくイワナだけのエリアでは、ヤマメが定位するような一等地を大きなイワナが占拠します。とはいえヤマメのように長い距離を追ってくるようなことはないので、毛バリの流し方はコンパクトに。

イワナの大ものは、誰も見向きもしない水たまりのような場所にいることもあります。流れを目の前にすると、適度な流速と深さのあるテンカラ向きのポイントにまず目がいきますが、そこは誰でもねらうところです。イワナの大ものは足もとにいるのです。私も足もとから大ものが逃げていく経験を数知れずしました。イワナは石が重なった隠れ場所があれば、流れがなくても、浅くてもいます。「え？　こんな浅いところにいるの？」と思うより先にまず足元をねらう。これがイワナ釣りの鉄則です。

アワセの失敗とバラシを減らす

「よし！　出た」と合わせても空振りだったり、途中でパラッとバレてしまうことがけっこうあります。原因はなんでしょうか。まず魚が毛バリをくわえていない。これが意外に多い。魚にもくわえ損ないがあります。毛バリが速く流れたり、魚の予測どおりに流れなかったときです。直前でくわえるのを止めるのもいます。バシャッと飛沫が上がる瞬時のことなので見分けがつきませんが、くわえていなければフッキングしないのは当然です。

アワセの確率を上げるには、次頁図のようにハリスを緩めて水面下を流すことです。ラインとハリスの結び目が水面上10㎝程度にあるようにすると、毛バリは水面下5～10㎝を流れます。そのときハリスはくしゃくしゃの状態になっています。毛バリが水面下を流れるほうが、浮いて流れるよりも高い確率で魚が出ます。水面上に出るか、水面下でくわえるかはわずかな違いに思えますが、水の外には鳥などの天敵がいることや、魚は多くの場合水中でエサを捕っているので、水中のほうがくわえやすいのでしょう。

ハリスがたるんだ状態で毛バリをくわえた魚は、ハリスがピンと張るまで吐き出しません。ですからアワセを急ぐことはないのです。「出た！　よいしょ」のタイミングです。

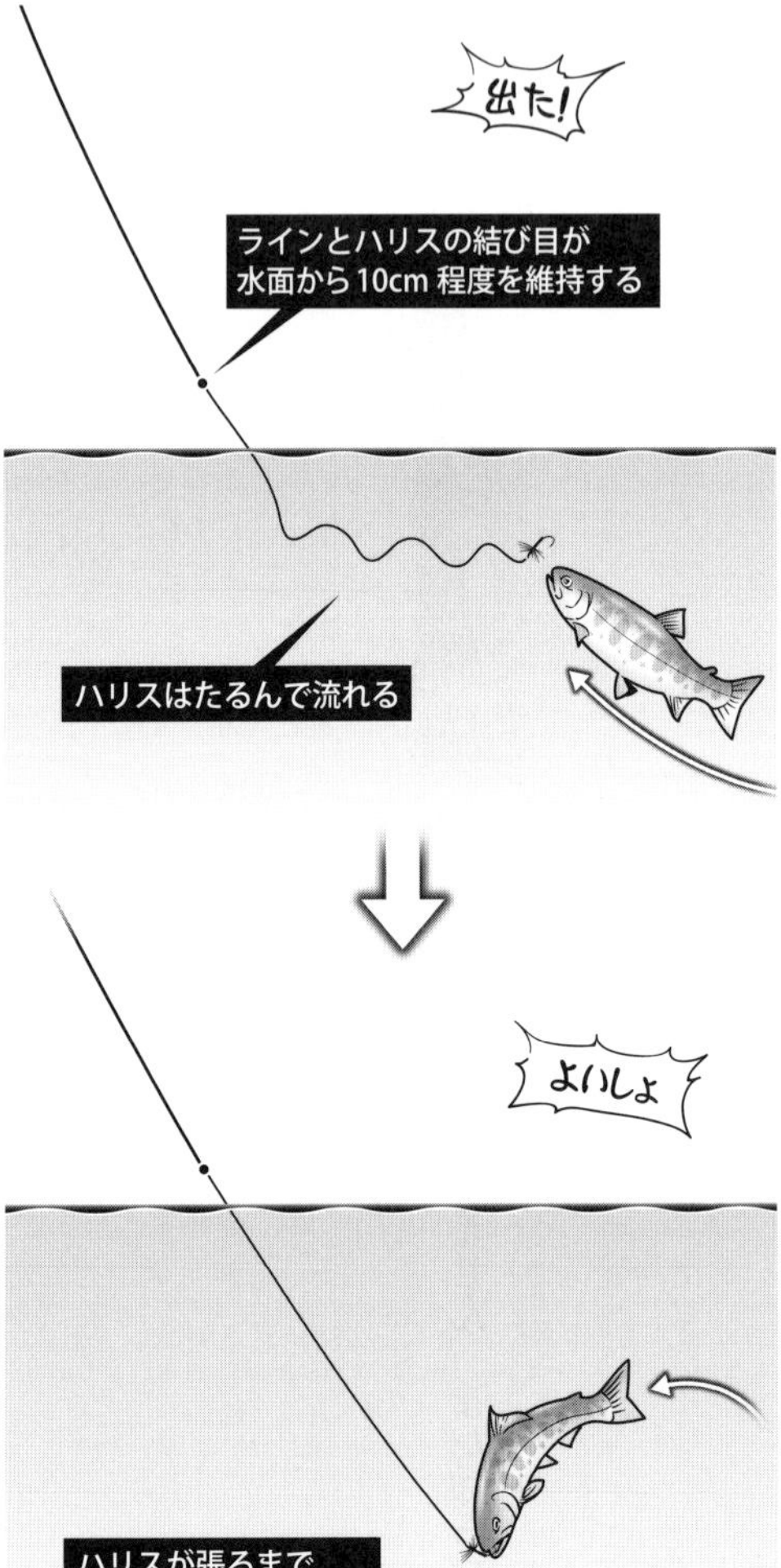

テンカラのアワセは遅アワセです。よくいわれるように一呼吸の間合いを入れます。「よいしょ」と声を出してからピックアップする程度の時間です。

この間合いはヤマメ、イワナだからといって変えません。「出た！　よいしょ」の自分の間合いを変えないことが大事です。早アワセは禁物です。毛バリに出た魚を１００％掛けることはできません。自分のアワセで掛からないのは魚が毛バリをくわえていないか、くわえ損なっていると考えましょう。確実にくわえさせ、その魚を高確率で掛けるにはハリスをたるませ、遅アワセをすることです。

掛かったと思っても途中でバレることがあります。これには2つの原因があります。1つはアワセが早かったこと。早アワセの場合、掛かっても皮一枚のことが多い。ゆっくり合わせたときは舌や口の中にガッチリと掛かります。途中でバレたらアワセが早かったと思ってください。

2つめはハリ先がなまっている場合です。魚の口は意外に硬く、ハリ先が鋭くないと貫通しません。また知らない間に毛バリが石や木の枝などに触ってハリ先がなまっていることもあります。自分の指の爪にハリを立てるなどして、ときどきチェックしてください。

ハリスが張っていない限り、アワセを急ぎすぎる必要はない

イワナのポイントをつぶさない、魚を警戒させないコツ

「夏ヤマメ一里一尾」という言葉のとおり、夏からはヤマメが釣りづらくなります。季節を通してヤマメとイワナを比べると、イワナのほうがよりテンカラの対象になります。もちろんイワナのいない地方やヤマメのいないエリアもあるので混生域が前提です。

イワナは石や岩が重なりあった隙間があれば浅くてもいます。何気なく歩くその足もとにいます。ただ見えないだけです。あるとき、C&R区間の講習会でのこと。全く魚の反応がありません。ただこれは無数の先行者のあとなので出ないのは想定内です。

「今は出ませんが本当はいっぱいいるのです。夕マヅメに見に行ってください」

そして、暗くなった頃に出掛けた人が驚いて帰ってきました。

「イワナが列をなしていて、軽く100尾を超えていました」

これはC&R区間でのことですが、渓流でも「イワナの出口」といわれるような爆釣の日に当たると、日頃素通りしたり、足を置いているその石から出て、こんなところにもいるのかと驚きます。魚はどこにでもいます。ただ隠れているので見えないだけ。言い換えれば日頃はポイントをつぶし、そのあとを釣ろうとしているのです。

ポイントをつぶさず、魚を警戒させないようにするにはいくつか方法があります。

①仕掛けを長くしてできるだけ遠くからキャスティングする。近づくほど魚に感づかれてしまいます。ラインやハリスは細いほど警戒されないので可能な限り細くします。太いラインで水面を叩くのは厳禁です。

②静かに歩く。魚は石がゴツゴツとこすれる音に敏感です。特に水中の石のこすれには気をつかいましょう。その点では登山靴のように硬いシューズは適しません。バシャバシャ水しぶきを上げて歩くのもダメです。つま先からそっと入れる猫足で歩きます。

イワナの敏感さに驚いた経験があります。そこはイワナ域で堰堤下の止水でした。私はたくさんのイワナが岩の下から出入りするのを岩陰から息を殺して見ていました。突然、イワナが一斉に隠れました。「どうした?」しばらくして1人の釣り人が30m下流に現われたのです。おそらく歩く振動が石を伝わりイワナを警戒させたのだと思います。

③急に立ったり動いたりしない。急な動きに魚は敏感です。ゆっくりとした動作でポイントに近づきます。

④サオ先を水面に向けない。自分の影も水面に落とさないように太陽の位置を考えます。

⑤掛けた魚をバシャバシャさせると他の魚を警戒させる。掛けたらすぐにサオ先を下流に倒し、水中を引いて寄せると水面で暴れないので警戒させません。

釣り下りはより慎重なアプローチとラインの張りに注意

渓流釣りは釣り上がりが原則です。魚は上流を向いていることが多く、下流側から上流側をねらう釣り上がりでは魚に気づかれにくいからです。先行者がいた場合でも、お互いが釣り上がれば先行者との間に時間差ができるので、時間が空くほど魚の警戒心は元に戻ります。

しかし、中には「どうしても釣り下らなければならない」ケースも出てきます。釣り上がった先で林道などの退渓点がなく、川通しで戻る場合などもそうです。釣りをしなければよいのですが、上流から見ると釣り上がりのときには気づかなかったポイントが意外とあるもので、ついサオをだしたくなります。このような場合、どこに注意したらよいでしょうか。

①うかつに魚（ポイント）の筋の上流に立たないこと。上流を向いている魚に、気配や影で気づかれてしまいます。

②したがって面倒でも一度下流まで移動。そしてポイントの背後か斜め後ろに立ち位置を決め、上流に向って釣り上がり、釣り切ったらまた下流まで移動します。できるだけ岸

から離れて移動するのがコツです。

③上流から釣る場合、サオを立てるとライン、ハリスが張るので毛バリは水面を流れ、これにより毛バリが水面を跳ねることになります。この状態では魚が毛バリをくわえにくく、出ても掛かる確率は低くなります。またイトが張っているため、アワセ切れの可能性もあります。

一方で、下流から自然に流しても全く反応しなかったのに、上流から誘いをかけた場合だけ反応することがあります。それも1回や2回のことではなく、延々続いたことがあります。この場合は先行者がいて、刺激的に毛バリを動かさなければ反応しなかったのかもしれません。魚の反応は人知を超えているのでいろいろ試すのがよいでしょう。

④上流からサオをだす場合、サオ先を水面近くに倒すこと。こうするとハリスが水中に沈むので毛バリも沈み、魚がくわえやすくなります。サオを立てると前記したとおり毛バリは水面に浮き、水面をピョンピョンと跳ね、くわえ損ないが多くなります。

名手は風を味方につける

たまの休みにテンカラに出掛けても無風の日にあたることは少ないものです。無風だったら「ムフッ」と喜びましょう。

春は午後になるとよく風が出ます。釣り場に風はつきもので、キャスティングの大敵。特に向かい風です。ラインが飛んでくれません。だからといって帰るわけにはいきません。そういうときのコツです。

①図のようにサオを水面と平行にして、毛バリが水面をなでるようにして振ります。サオを立てるとサオが風の抵抗を受けます。寝かせると抵抗が減るので、横から振って毛バリを着水させます。

②毛バリを流すのもサオを倒したまま行ないます。もちろんこれは風が強い場合で、それほどでもなければ着水と同時にサオを立てても問題ありません。

③よく「太いラインのほうが重いので風に強い」といいますが、細いほうが風の影響を受けません。水中のハリスは細いほど水の抵抗がないように、ラインも細いほど風の抵抗がない。つまりキャスティングの仕方が肝心で、まともにサオを立てると風の影響を受け

向かい風のときは腰を落とし、
サオを水面と平行にして振る
○
×

ます。ハックルをたっぷり巻いた毛バリも同様で、ハックルの少ない毛バリを使います。

④背中から吹くフォローの風はキャスティングを助けます。そこで風向きを考えて立ちます。キャスティングしなくてもサオを立てているだけで風が毛バリを運んでくれます。

⑤フォローの場合、サオを高く上げると毛バリを一点に止めておくことができます。これをホバリング釣法といいます。一点で毛バリがフワフワ、コロコロしているので魚にとっては刺激的な誘いです。フォローの風のときにやってみましょう。

基本は自然に流す。誘うと決めたら効果的なパターンを探す

魚の行動、毛バリへの反応はときに想定外のことがあります。魚の食い気や活性には水温、天候、渇水、増水、時間帯、先行者の有無などが関係し、人知を超えています。私はざっくり3つのパターンで魚の活性を判断し、釣り方を変えています。

●パターン1　毛バリが落ちれば即、反応する。どこのポイントでもパッと打てば出る。こういう日はそうありませんが、これは高活性です。粘らずテンポよくポイントを変えていきます。大釣りするパターンです。

●パターン2　1投目では出ないが2投、3投目で出ることがある。毛バリに出なくてもチラッと魚が動く。中活性です。ほとんどがこのパターンです。毛バリを沈めたり、誘いをかけて引き出します。誘いをかけたときの魚の出方が素直ではなく、警戒しているように感じるときは、先行者がいて魚が神経質になっていると判断します。この場合、先行者が歩いたと思われる反対側を重点的に探っていきます。

●パターン3　全く毛バリに反応がない場合。前日の雨で水温が下がったような日によくあります。ただ魚は水面に出ないだけで水中ではエサを食っています。このようなときは

ビーズヘッド毛バリで沈め釣りをします。数種類の重さの違う毛バリを用意しておき、水深で使い分けます。アタリはイトフケまたは手感です。ただし、テンカラとしての軽快感がないのでこれは窮余《きゅうよ》の一策です。

いずれのパターンも基本の流し方は、自然に流すことです。流れなりの毛バリに魚は素直に反応します。どうしても出ない場合に誘いをかけます。水面を動く毛バリは刺激的なのだと思います。誘いには逆引き、扇引き、止め釣りなどいろいろありますが、これが絶対というものはないので、いろいろ試して効果的なパターンを探すしかありません。

魚は一日単位ではなく時間単位でアッという間に活性が変わります。さっきまで毛バリに反応しなかったのが、ハッチ（羽化）が始まった途端に激しく反応することがあります。ステージが変わったのです。しかし、ライズがそこかしこで起きてもそれが取れるとは限りません。ゴマのように小さなエサを偏食している場合は毛バリには見向きもしません。

典型的なのが夕マヅメです。昼間は全く反応しなかったのに、夕マヅメになると毛バリへの反応はまるで違います。このように一日の中で活性が変わっていきます。絶対的に釣果が得られる釣り方はありません。誘いをかける、沈める、毛バリのサイズを変えるなど、あの手、この手を使って経験からその日、その時間帯の釣り方を変えるしかありません。

浮いている魚はまず観察

魚がぽっかり浮いて流下するエサを盛んに捕食していることがあります。流心に定位して右に左にエサを追います。ヤマメに多い行動です。大きいのが先頭になり数尾が列をなしていることもあります。こんなときは毛バリを打つ前に行動を観察します。食っているのは水面のエサか水中か、エサのサイズはどのくらいか、捕食の範囲は広いか狭いかなどです。

魚が数尾いたら再後尾から釣ります。先頭からねらうと、掛かったときに暴れて他の魚が警戒し、1尾でおしまいです。次にできるだけ低い姿勢を取ります。上流から流すと観察されるので、魚に近い斜め後ろに毛バリを落とすのがコツです。視野が広いのを利用し、「お、エサだ!」とクルッと向き直りパクッと反射食いさせるのです。ただしこのとき、「やった!」と喜んで立ちあがってはいけません。低い姿勢のまま下流にサオを倒し、水中で魚を引きよせ、水面で暴れさせないのがコツです。この方法だと列をなしている魚の大部分を釣ることができます。私の経験では6尾いたすべてを掛けたことがあります。

一斉に水面で捕食する時間はずっと続くわけではありません。流下するエサがなくなればライズは止み、すぐにステージが変わります。その時間は短くて数分のこともあります。また、1尾だけポカーンと浮いていることもあります。左右に動くでもなく、日向ぼっこしているかのようにジッとしています。こういう魚は毛バリを打とうが、毛バリを変えようがまず反応しません。

流心の一番前にいるのがその流れの大ものです。こいつはデカイと思ったらほかの小ものは相手にせず、その1尾に絞ります。まずじっくりと捕食行動（エサのサイズと捕食のインターバル）を観察します。そして頻繁に捕食しているか、間があるかをみて、間がある場合はそのインターバルで毛バリを打ちます。30秒くらいに1回なら、捕食後それくらい時間を空けて毛バリを打つという具合です。このとき肝心なのは毛バリのサイズです。エサが肉眼で見えるなら10～12番、見えなければ14番以下の毛バリをセレクトします。毛バリが自然に流れるようにハリスは可能な限り長くします。太さも、0・8号を結んでいたら0・6号まで落としたほうがよいでしょう。

毛バリを落とす位置は反射食いをさせるように斜めすぐ後ろです。「毛バリが落ちた！食った！」の早アワセは厳禁です。大ものほどゆっくりくわえます。「食った！　潜った」で合わせるのが理想のタイミングです。百戦錬磨の大ものは毛バリを見抜くので1投目が勝負。打てば打つほど出なくなり、誘いを掛けても出ません。

毛バリで迷い始めたときは、毛バリ以外のことを考える

「釣れないときは毛バリが悪いのではないか」「魚が寸前で見切ったのは偽物とバレたのではないか」「当たり毛バリがあるはずだ」。隣の芝生は青く見えるし奥さんも綺麗です!? 毛バリに自信がなくなり、いろいろ試してさらに迷うのは毛バリの迷宮に入り込んだのです。迷宮には出口がないので抜け出すことはできません。

私も迷いました。他人の毛バリが気になるし、本や雑誌の毛バリをそっくり巻いたこともあります。結論は、絶対釣れる毛バリはないし、絶対に釣れない毛バリもない。これに尽きます。毛バリのせいで釣れないのではなく、その前にキャスティング、立ち位置、ポイント選びと流し方など、さまざまに大事なことがあり、重要性では毛バリは最後の最後なのです。その最後の毛バリを最初に考えてしまうのがいけない。毛バリ以外に大事なものがあると本当に信じたときから、魚が釣れるようになります。

毛バリの色も形も関係しません。唯一サイズだけです。かつて私は色も形も関係しないことを証明するために「小林幸子毛バリ」を作りました。胴は金ラメ、ハックルも金ラメです。「美川憲一毛バリ」も作りました。これは胴が赤、ハックルは緑です。それでも全

く遜色《そんしょく》なく釣れます。ハックルのない毛バリ、胴のない毛バリでも同じように釣れます。なぜでしょうか。要は、魚はエサらしいものが流れてきたり、落ちてくればくわえ、それが食えなければ吐き出す。これが習性です。

「ヘッドの赤い毛バリは釣れた」「胴の色の違う毛バリに変えたら釣れた」という経験があるかもしれませんが、それを毛バリのせいにすることはできません。なぜなら流れ方が違っていたのかも、魚がイラついて出たのかも、はたまた実は違う魚だったかもしれないのです。変えたら釣れたのではなく、変えたら「そこから釣れ続けたか」です。私の経験ではそれはありません。関係するのはサイズです。12番を標準として10番、14番、小さな毛バリとして16番があればオールシーズン通用します。これらを魚の活性や羽化する虫のサイズで使い分けます。

ただし毛バリが関係しないのは自然渓流での話です。釣られた魚は再放流されなければそれでおしまい、再放流されてもすぐに次の毛バリを見る機会は少ない。つまり学習する機会がないか非常に限られているので、毛バリはそれらしければなんでもよいのです。

一方、C&R区間や管理釣り場では頻繁《ひんぱん》に毛バリを見るのですぐに学習します。こういう場所では毛バリは重要で、短時間で目先の違う毛バリに交換しないと釣れません。自然渓流とこのような場所を一緒にして毛バリの重要性を論じることには意味がありません。

私のテンカラ釣り開眼エピソード

テンカラを始めて40年になるが、「辿りきて、いまだ山麓」の心境である。上手い人を見ると「自分は開眼した」とはとてもいえない。多くの経験を経て腕が上がったのであって、劇的なエピソードがあったわけではないが、私がステップアップしたきっかけは3つある。

その1は、一日に13尾釣ったことである。テンカラを始めて数回は全く釣れなかったが、ある日地元の川でアマゴを13尾掛けた。0がいきなり13になったことはテンカラにのめり込む充分な衝撃であった。これがなければテンカラを続けていたか分からない。

当時は渓流でテンカラの人に遭遇することは皆無で、釣り雑誌のわずかな記事が唯一の情報。試行錯誤の1つで魚が毛バリをくわえている時間を計測するなどテンカラの研究を始め、30年以上前になるが私の研究が当時のNHKの人気番組「ウルトラアイ」で放送された。その後、その放送をきっかけに瀬畑雄三さんをはじめとして大勢の名手と出会うことになる。まさに十人十色のテンカラーであった。仕掛け、釣法、毛バリ、1つとして同じものがない。唯一共通していたのが毛バリはほぼ1種類であることだ。

あるとき瀬畑さんからハックルが真っ白の「タンポポ毛バリ」をもらった。こんな白い羽根の虫などいない、釣れるはずないと顧みることはなかったが、ある日毛バリを使い果たしタンポポ毛バリを使わざるを得なくなった。こんな毛バリ……と思っていたが、同じように釣れるのだ。そのとき、「毛バリはなんでもいい」と心底から分かり、毛バリの迷宮から抜け出すことができ、これを境に腕が上がった。これがその2である。

釣れば釣るほど面白さと同時に新たな課題や発見がある。テンカラ釣りの奥は深い！

その3は毛バリを沈めて流すようにしたこと。それまでは水面に魚を出して掛けることがテンカラだと思っていた。確かに水面にバシャッと飛び出す魚を掛けるのは面白いが、いつの頃からか、毛バリを水面下に沈めて流すともっと釣れることに気づいた。明らかに反応が多い。考えてみればほとんどの魚は水中でエサを食うのだから、沈めて流せば反応が多くなるのは当然である。魚は水面を浮いて流れるエサより何倍も水中のエサを食っている。自分のテンカラを水中で食う魚も釣る、いわば水面だけから水面と水中に幅を広げたことでチャンスが増えた。

さらに、アタリをイトフケで取るようにしたときから釣果が格段に増えた。ラインがスッと止まるなどの微妙なアタリで合わせる。イトフケでアタリを取るのはエサ釣りのようでもある。しかし、目印もないラインの微かな変化でアタリを取るのは、水面にバシャッと出るよりも「取った！」という別格の面白さがある。水面に出して釣り、水中に沈めて釣る。バシャッで合わせ、イトフケで合わせることでテンカラのテクニックと楽しさが広がった。

とはいえ、いまだに日々勉強である。尺ものを高い確率で釣る人、どんな環境でも釣る人などから教えられることが多い。40年やってこの程度かと思うが、それだけテンカラは奥が深く生涯の趣味とするにふさわしい釣りだからと思っている。

Ⅱ

激戦区の スレた渓魚を攻略する

吉田　孝

テンカラ釣り歴 20 年。「吉田毛鉤会」代表。（一社）全日本釣り団体協議会・公認インストラクター。TOKYO トラウトカントリー・テンカラインストラクター。DVD『テンカラ「1尾釣るまで！」塾。』（つり人社）に出演。さまざまな年齢層のテンカラ釣り普及に努めている。

自分のテンカラ釣りを一度白紙に戻してみる

私はテンカラ教室の講師をしています。釣りの教室と毛バリ巻きの教室を月に1回ずつ開催しており、スタートしてから8年の間に多くの方々にご参加いただきました。中には自己流で何年もやってきたという方もいらっしゃいます。そういった方から「条件の悪いときはどのような方法で釣ればよいのでしょうか」というご質問を受けることが何度かありました。

私がホームリバーとしている場所は、都心から近い奥多摩や秩父の渓です。都心から近いということは、入渓者の数も多く、奥地まで出向いてもそこには必ず誰かが釣りをしたと思われる痕跡があります。幸か不幸か、そのようないわゆる激戦区で釣りをすることが多く「条件のよいとき」は、1シーズン中にほとんどないのが現状です。一度の釣行で釣れない時間がそのうちの大半を占め、帰り際にやっと1尾釣れた、などということは日常茶飯事です。

釣りの世界では「1尾と100尾の差は近いけれど、0尾と1尾の差は大きい」などといわれますが、私の場合は年中0尾と1尾の差を埋める釣りを強いられています（笑）。

ということで、今回は私なりの激戦区の釣り方、コツを読者の皆様にご紹介してみたいと思います。

まずはメンタル面でのアドバイスになりますが、激戦区の釣りが不得手な方のみならず、

壁に当たったと感じたとき、新しい課題に取り組むときは、今までの釣りを一度白紙状態に戻して考えてみよう

ご自身の釣りが頭打ちになってしまい、伸び代《しろ》が見えなくなってしまっているという方の多くが、どうも固定観念にとらわれすぎているように思うのです。

現在は雑誌や書籍だけでなく、インターネットを通じても数多くの情報を得ることができます。もちろんテンカラに関しても玉石混交の情報があります。これらの情報の中から必要なものだけを取捨選択し、自分の釣りに生かすことができればよいのですが、自分の釣りに合っていない情報を鵜《う》呑みにしてしまう方も多く見受けられます。「その釣り方でないと、いけないのではないか」と思い込み、自分の釣りに適合しない釣りのスタイルを理想と決めつけ、自縄自縛に陥って釣果が伸びないというパターンです。

魚の状態はいつも同じではありません。その日その時で違います。釣り場の状況もしかりです。いつも同じことをしていたら、こちらのやり方に見合った魚しか釣れないということになってしまいます。

激戦区では、自分の釣りのスタイルを魚の状態や釣り場の状況に合わせていかないと、なかなか思うような結果を出すことができません。

自縄自縛を止め、固定観念を壊し、自分のテンカラ釣りを一度白紙に戻してみる。

自分の釣り方に合った魚を釣るだけでなく、魚に釣り方を合わせてみる。

それらのことを、詳しく解説してみたいと思います。

身になる情報の集め方と準備の実際

彼（敵）を知り己を知れば……孫氏の兵法ではないですが、釣りにくい魚を相手にするときには、やはり事前に情報を集めておくべきだと思います。ターゲットの種類（イワナか、ヤマメ・アマゴか、混生か。ニジマスなど他の魚種もいるのか）、渓流の規模や川幅、渓相（本流、支流、沢あるいは源流か）、水勢、雪代や田んぼの引き水などを含む季節ごとの変化、周囲の植生、北面の川か南面の川か、河原の有無……これらの情報を得ることで、その場所や魚に適合した道具が自ずと見えてきて用意できます。

情報は釣り雑誌やガイドブック等である程度確認できます。また最近は各地の漁業協同組合（漁協）のホームページも充実しています。ご存じのように北海道を除く日本国内の河川のほとんどは漁協が管理しているので、魚種、放流情報、釣果などを調べることが可能です。ネット環境が整っていない方は電話で問い合わせてもよろしいと思います。

川幅や釣り場に応じた長さのサオ。そしてライン。釣り場に合った道具を用意して行かなければ、思うような釣りはできません。特に繊細、神経質な魚が多い場所ではハリスの太さも重要な要素となり、毛バリも多様な種類が求められます。

次に、入渓点や釣り場の状況（特に水位）などの情報も入手しておかないといけません。これは自分自身の安全を確保するためにも必要なことです。天気予報も確認し、それに応じた着衣を用意しましょう。暑すぎて熱中症を起こす、雨に当たって低体温症になってしまう……こうなるともう釣りどころではなくなってしまいます。沢歩きのスタイルでいくのか、ウエーダーを着用するのか、靴のソールはどのタイプのものが適切か。それらのことも釣り場に応じて考えないといけません。その際には釣り場までのアプローチ（長く歩くのかどうか）や渓の傾斜、日中の気温差なども考慮する必要があります。

山岳渓流に出掛ける場合には、各自治体が公開している登山情報も参考になります。私は奥多摩でクマを何度か目撃していますが、それ以外にイノシシ、スズメバチ、アブ、ヒル、ダニなど、人間に危害を及ぼす可能性のある野生動物・生物の出没・被害情報も確認しておきましょう。それらに対処する準備も必須です。また車で出掛ける場合は、できるなら駐車スペースがどこにあるのかも事前に調べておくべきです。現場でそのことが気になると釣りの集中力が削がれてしまいます。

そんな細かいところまでと思うかもしれませんが、激戦区のスレた魚を相手にするには、釣りに気持ちを１００％集中できないとなかなか結果を出せません。準備を万全に、出掛ける際には忘れものをしないようにして、落ち着いた気持ちで入渓しましょう。

サオに求められる長さと機能

激戦区と呼ばれる場所で、簡単には釣れない魚を相手にする場合、サオにも細かく気を配る必要があります。サオは釣り場に合わせた長さを選ぶのが基本です。自分はこれしか持っていないからといって、流れの上まで枝が張り出しているヤブ沢のような小渓流で4m以上のサオを振り回せば、穂先が周囲に当たったり、毛バリが枝に引っ掛かるトラブルが増えます。逆に、幅が何十メートルもある大川で2・7mのサオで釣りをしても、足元のポイントしかねらえない状態になってしまいます。サオは価格の差やメーカーによる違いということではなく、自分の目的（釣り場や釣り方）に適合している長さなのかをよく考えて選択しましょう。

サオには長さのほかに、調子（サオのどの部分を中心にして曲がるか）もそれぞれ違いがあります。材質による硬さの違いもあります。粘るサオ、張りのあるサオなど、表現方法もいろいろです。

そこで少々乱暴な分け方になりますが、長さ以外のことを、大きく2つに分けて考えてみたいと思います。

①胴から曲がる柔らかめのサオ

・サオのしなりが大きいため、反発力を生かしやすく、軽量のラインも飛ばしやすい。

・振り込みの際に前後の振幅が大きくなるため、周囲に障害物のあるような狭い場所では使いづらい。

・サオのしなりが魚の引っ張る力を吸収してくれるため、ラインやハリスに掛かる力が分散される（細いハリスを使うことができる）。

・サオが柔らかい＝手元まで魚が寄るのに時間がかかるので、魚とやり取りする際にそれなりのスペースを必要とする（障害物の多い場所では扱いにくい）。

②先端部が曲がる硬めのサオ

・しなりが少ないので振幅も小さく、狭い場所での使用やピンスポットへの投射性がよい。

・サオの反発力を生かしにくいので軽量のラインは飛ばしにくい。

・サオのしなりが少ないためアワセの力がハリ先まで伝達しやすく、魚を掛けた後は手元まで寄せやすい（やり取りのスペースが狭くてすむ）。

・ハリ先への力の伝達がよい＝ハリスの結び目に一気に力が集中するので、アワセ切れの問題が多くなる（細いハリスが使いにくい）。

　このほか、硬くても胴から曲がるサオ、先調子で柔らかいサオもありますが、いずれにしてもサオはそれぞれその特性により、相反する部分が多くなります。自分はどんなスタイルで釣りをするのか、自分の出掛ける釣り場にはどのようなタイプのサオが合っているのか、それらを踏まえたうえで、適材適所で使い分けることが重要になります。

このように、サオは大きく2種類に分類することができますが、「釣りにくい魚を釣る」うえでは、より細かな選択が必要でしょう。神経質になっている魚は、定位している場所から大きく動いて毛バリをくわえることがありません。釣り人はまず、魚の付いているポイントを明確に絞り込まなければなりません。

そして、小渓流の小場所ではピンポイントに毛バリを打ち込む正確さが必要であり、広く大きな流れでも捕食レーンにピッタリ合うように毛バリを流さないと、なかなか魚は出てくれません。自分の思ったとおりの場所に正確に毛バリを投射するためには、必然的にサオは投射性のよいものを使うことになります。投射性の一番の弊害は、サオ先（穂先）のブレです。前振りでサオを止めたとき、穂先がいつまでも上下に動くようでは正確なキャスティングはできません。毛バリを操作して誘いをかけるときや、一定の水深を保って流したいときも、意思に反して動いてしまうサオ先のブレはよい結果を生みません。

より繊細な釣りが求められる激戦区では、先調子のサオであれ、胴調子のサオであれ、投射性のよい、穂先のブレないサオを選ぶ必要があります。

レベルラインとテーパーラインの特性、ハリスの使い分け

ラインについては、投射性、視認性、操作性を踏まえて大きく2種類に分けて考えてみたいと思います。

①フロロカーボン製のレベルラインに代表される軽量のライン

・太さが一定であるフロロカーボン製のレベルラインは、スプールから引き出してそのままサオ先に結び、好みの長さでカットすればすぐに使える。
・比重が大きいため水馴染みがよい。
・細イトのぶん、振り込み時の魚の違和感、水の流れから受ける抵抗がともに少ない。
・巻きグセをしっかり取ってから使用すると、ラインの持つ直進性のため手に伝わる感度も高く、水中からのアタリが取りやすい。
・魚からも見えにくいぶん、釣り人がラインを見たときの視認性が劣る。ラインの引き込みによるアタリを取るには慣れが必要。
・振り込みも最初はやりにくいかもしれないが、慣れるまでは号数の大きい（重めの）ラインを使って練習すればよい。

②テーパーラインに代表される重量の重いライン

・サオ先からハリスを結ぶ側に向かって徐々に細くなる。ほとんどのものは単糸を縒《よ》り合わせて作られている。

・自作することができるので色の選択肢が多く、重さやテーパー形状なども自由に変えることが可能。

・重量があるので基本的に振り込みはしやすい。

・振り込みやすく視認性もよいが、そのぶん魚がラインから受ける違和感は大きくなるのでハリスを長くして対応する。

それぞれ、以上のような特性があります。サオとの相性で考えると、基本的には同調子や柔らかめのサオには軽量のレベルラインが、先調子で硬めのサオには重量のあるテーパーラインが向いていると思います。ラインの長さについては、サオと同様に釣り場の状況に合わせるのが基本になります。テーパーラインのように長さが変えられない場合は、釣り場の変化に対応できるように何種類かの長さのラインを持参しましょう。

サオとラインが決まると、今度はハリスをどのように使い分けるのかということになります。スレた魚が相手の場合には、状況やターゲットに応じて、ハリスの太さだけではなく材質や長さにも気を使う必要があります。警戒心が強い魚ほどハリスを細く、長くするなどの調整を行ないます。

また、毛バリは浮かべて釣るのか、それとも深く沈めて流すのか。それによって材質による比重の違いでハリスを使い分けることもあります。私の場合、具体的には、水面に浮かべて使う毛バリにはナイロン製、深く沈めて流す場合にはフロロカーボン製のハリスを使用しています。ハリスの太さも重要で、魚が小さくスレている場合はハリスをどんどん細くして対応することがあります。ただし細ければ細いほどよいということではありません。アワセ切れや、周囲の枝などに引っ掛かって回収できなくなったハリスが環境に与える影響もあるので、テンカラでは細くても0・5号程度が限界になると思います。

ラインとハリスの長さについては、釣り場の変化に合わせることが面倒だからといって、仕掛けの調整をためらっていると、あまりよい結果にはなりません。状況に応じてこまめに長さを変えることが大切です。また、釣り場を移動するときにラインが穂先に絡まったり、ハリスに結びコブができているのに気づくことがあります。こんな仕掛けの不具合をそのままにして次の釣りに移ると、何かのはずみで穂先を折ったり、ハリスが切れてしまったりと、思わぬ失態を招きかねません。

ラインやハリスは長さの調整だけではなく、不具合を見つけたらすみやかに交換するなどして、万全な状態を保つようにしておきましょう。

入渓者の多い渓流の野生魚は繊細さと引き出しの数で勝負

源流から渓流にかけてのイワナ。渓流から本流のヤマメとアマゴ。放流河川や管理釣り場で私たちを楽しませてくれるニジマス。この魚たちは同じ渓流魚でも違う性質を持っています。共通する部分も多いのですが、定位する場所や捕食するエサの好みが違うので、それぞれの魚に応じた釣り方を考えたほうが、よりよい結果につながると思います。

野生魚（天然魚）と成魚放流魚ではさらにその違いが大きくなります。前者は自然渓流で仲間同士でも競いながらエサを食べ、天敵（鳥や他の動物、大きな魚、釣り人など）から逃れて育った魚です。ごく一部の天然魚のほかに、発眼卵放流や稚魚放流等により早い段階で渓流に放たれた魚たちも野生魚に含めましょう。成魚放流魚は養魚場で卵から孵化し、人間の手でエサを与えられ、釣りの対象になる大きさまで育てられたものです。

ときどき、私はテンカラに手を染めて間もない人を連れて自然渓流に入ることがあります。この人たちは当初なかなか魚を釣ることができません。なぜなら魚との間合いを充分に取れないからです。また初心者に釣り場を教え、帰ってきてから報告を聞くと、「走り去る1尾すら見えず、釣りもそこそこに引き返してきた」と返事が返ってきたこともありました。どちらも間合いを詰めすぎ、足元の魚を蹴散《けち》らしながら（しかもそのことには全く気付かずに）釣りをしていたのが原因です。野生魚は外敵から身を守るためとても神経質です。立ち位置に近づくときにうっかり転がした足元の石音、水面に映った影、こういった刺激を受けると一目散に遁走《とんそう》します。ですから可能な限り静かに近づき、少しでも遠くから魚をねらうのが鉄則となります。

それとは逆に、物音や人影に慣れて育った成魚放流魚は、人が近づいても逃げることなく、その場に定位している魚もいます。特に管理釣り場や一般河川のキャッチアンド・リリース区間などではこのような魚を見ることが多くなります。開けた場所なのに姿を隠そうともせず、渓流魚とは思えないほどいとも簡単に近づくことができるのです。しかし人や毛バリを見慣れているぶん、逃げはしないが釣ることは意外に難しい。このような場合には毛バリを動かして誘いをかけ、リアクションバイトに持ち込むと釣れることが多くなります。また成魚放流魚は、野生魚なら問題ない強い流れに定位できず、緩い流れの中にいることがあります。特に放流直後はそのような場所に付く傾向があります。成魚放流魚が多い区間では、一見魚がいないような緩い流れもねらってみるべきでしょう。

野生魚にはていねいなアプローチを、成魚放流魚には毛バリの変化で対応するのが基本ですが、とりわけ厄介なのが入渓者の多い渓流にいる野生魚です。物音や人影に敏感で、

養魚場育ちの成魚や、管理つり場の魚

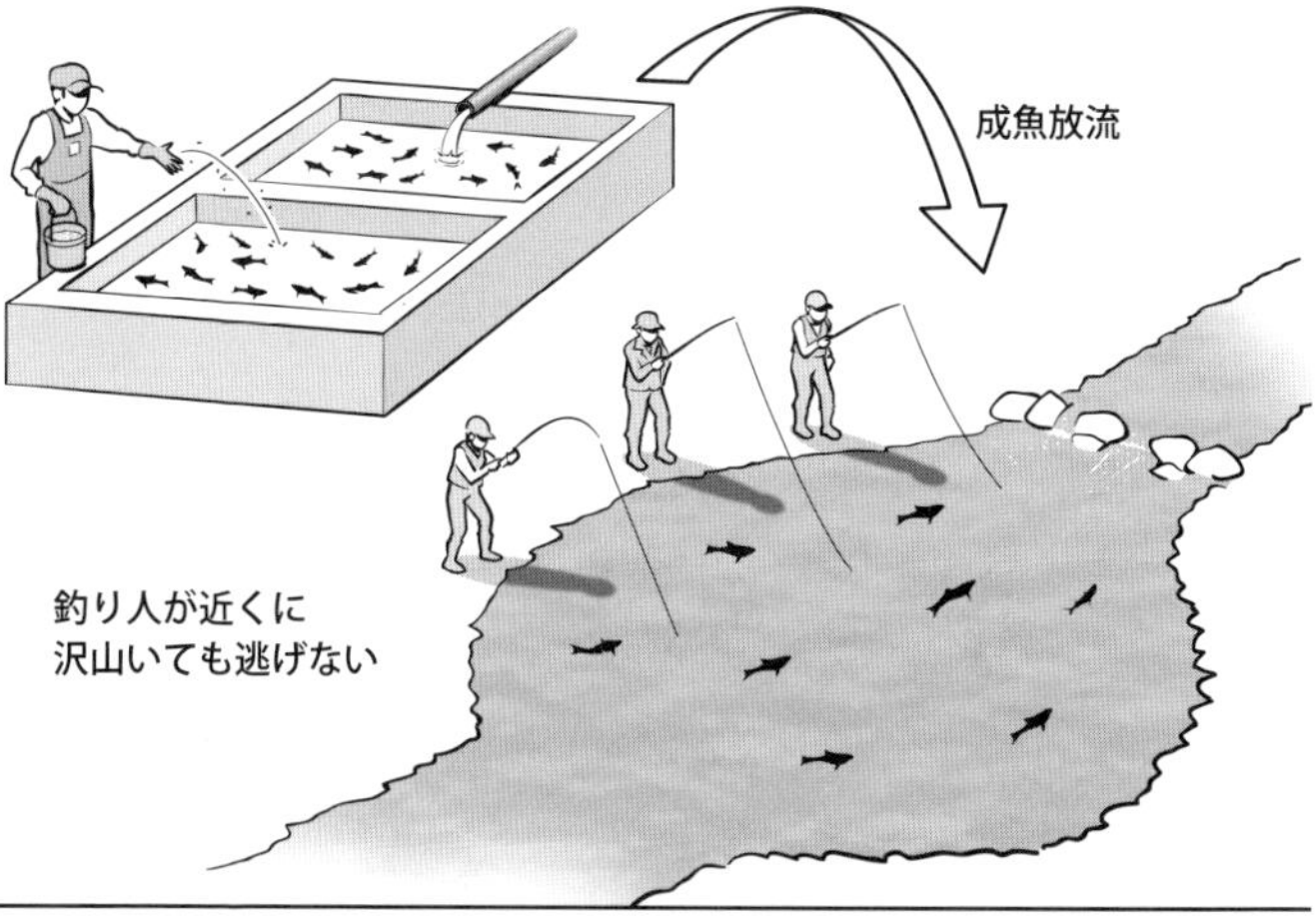
成魚放流
釣り人が近くに
沢山いても逃げない

自然渓流の天然野生魚

人が歩く振動、
上空を不意に動く影、
釣りザオや人の動きで
すぐ逃げる
コンッ
ワッ
野生魚
カタ
カタ

しかも毛バリにスレている。このような魚を釣るには、持てる技術を出しきらないと好結果につながりません。派手な服装を避け、音を立てずポイントに近づく。水面に影を落とさない。可能な限り魚から離れた場所に立ち位置を取る。なるべくコンパクトなキャスティングを心がける。ていねいにポイントをねらい、大きく外さないように毛バリを投射する。その際も着水が激しくならないように静かに投射することを心がける。ラインの色や太さにも気を使い、できるだけ目立たないものを使う。簡単に切れてしまうほど細くする必要はないが、魚のサイズに合わせたうえでなるべく細いハリスを使う……。

そして、まずは自然に毛バリを流し、反応がなければ誘いをかける。毛バリを交換して水面から底まで広いレンジを探ってみる。出なかったときも、周囲の魚を驚かさないように毛バリを静かにピックアップする。また同じ理由から立て続けにキャストせず、次に毛バリを振り込むまでしばしの間を置く。

これらは私自身が激戦区の釣り場において、常に実践していることです。釣れたときも釣れなかったときも、魚と川は次の釣りにつながる何かのヒントを与えてくれます。

激戦区の魚に対応するには、引き出しの数が多ければ多いほどよいと思います。魚はどれも同じではありません。それぞれの違いを意識して釣りをしながら、自分自身のスキルを上げていただきたいと思います。

釣りにくいところから釣る。毛バリを打つ・流す精度を上げる

釣り場へのアクセスがよく入渓者が多いと、必然的に魚は神経質になり、釣りにくくなります。この人的プレッシャーをどう捉え、対応すればよいかを考えてみましょう。

釣り場までのアクセスがよいということは、入渓者全体の中で初心者の割合が高くなります。ベテランは釣りをしている間、無意識にその場を荒らさないように行動していますが、初心者はどうしてもポイントを潰してしまうことが多い。すると初心者が歩きやすそうな岸際の流れや、楽な立ち位置が取れる場所の足元、対岸に渡りやすい浅瀬などは魚が落ち着いて定位できなくなり、一見よさそうな場所でもそこには魚がいないことが多くなります。また、大きな落ち込みや淵のような「ここぞ」という本命ポイントは、初心者・ベテランを問わず誰もがねらい、釣られた後に別の魚が入ったとしても、またすぐに釣られてしまう。そのためよほどタイミングがよくなければ釣れません。たとえ魚がいたとしても多くの人が次々に毛バリを流すので、あっという間にスレて釣りにくくなっていることは想像がつきます。ほかにも周囲に障害物がなく簡単に振り込みができるポイント、近づきやすく流しやすい単調なポイントなども同じような状態になっていると思われます。

以上のことから、当たり前のポイントで、簡単に毛バリを振り込める場所には魚がいない。いたとしても釣りにくくなっていると考えるべきです。

そこで考えるのがサオ抜け、他人が毛バリを振り込んでいない場所です。本命ポイントから頭を切り替え、「ちょっと釣りにくいな」という場所を探していくと、そこにサオ抜けのポイントがあります。対岸から覆いかぶさる枝の下や、落ち込みの肩に溜まった倒木の隙間。背後に張り出す木の枝や壁状の岩盤前の立ち位置（バックキャストがやりにくい）。水深があってなかなか底近くまで毛バリを通せない流れ。長ザオ・長い仕掛けでロングキャストをしないと届かない場所など、川をじっくりと見渡せばけっこう見つかるものです。私の経験上でも、他人が歩いた後に釣れたのは大抵このような場所でした。

覆いかぶさる木の枝の下に毛バリを振り込むには、座った姿勢からのサイドキャストが必要になります。バックキャストのスペースが取れない場所では、後ろではなく上空に毛バリを跳ね上げてから落とすタワーキャストの技術も必要です。

また、誰でも可能なタライほどの範囲に毛バリを振り込んで魚が出なくても、コーヒーカップ程度までポイントを絞り込んだり、流れの筋をシビアに見極めてそこに毛バリを投射することができれば、よりタイトにねらわないと毛バリに反応してくれない魚が釣れる確率は高くなります。

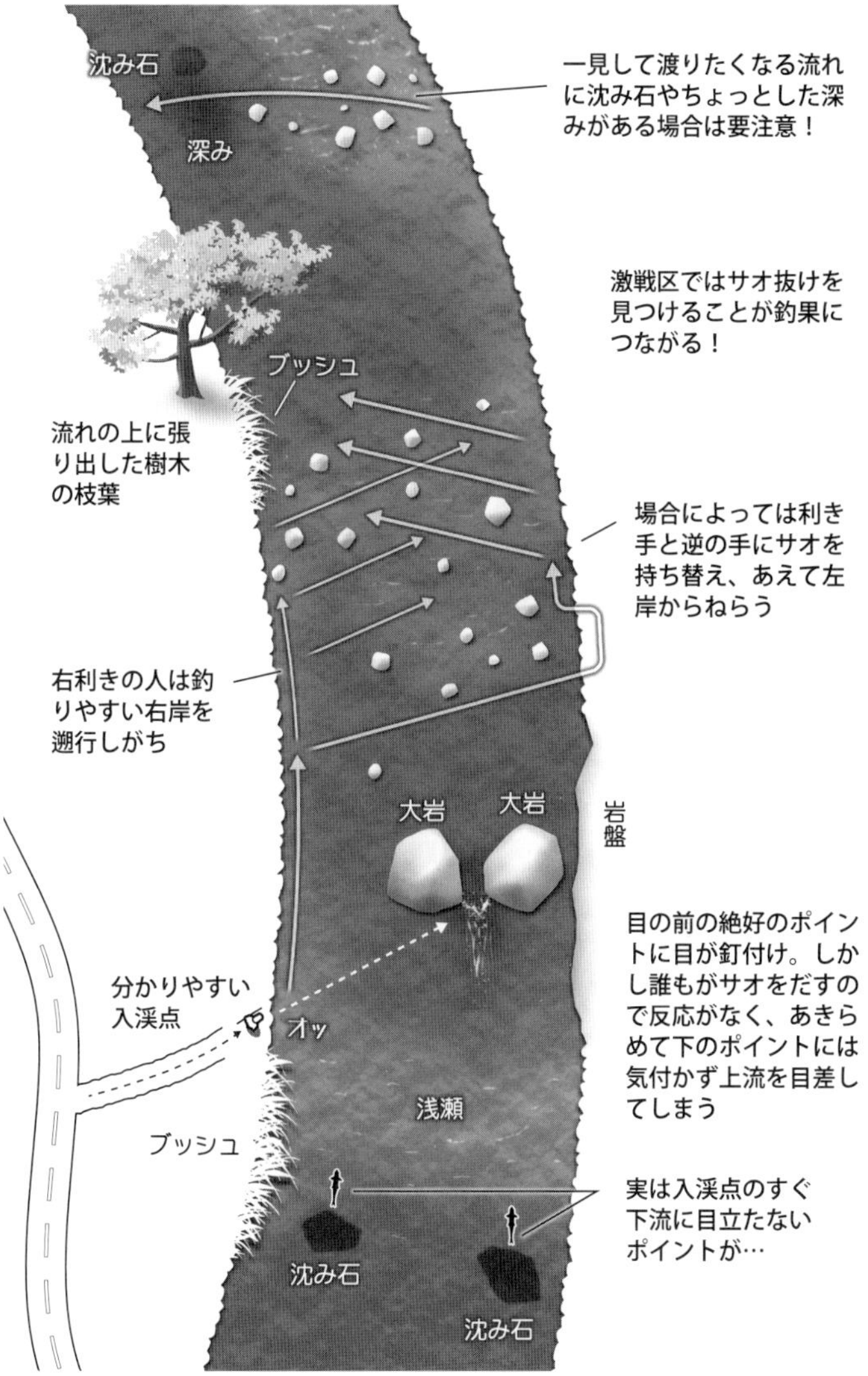
沈み石
深み
一見して渡りたくなる流れに沈み石やちょっとした深みがある場合は要注意！
激戦区ではサオ抜けを見つけることが釣果につながる！
ブッシュ
流れの上に張り出した樹木の枝葉
場合によっては利き手と逆の手にサオを持ち替え、あえて左岸からねらう
右利きの人は釣りやすい右岸を遡行しがち
大岩
大岩
岩盤
目の前の絶好のポイントに目が釘付け。しかし誰もがサオをだすので反応がなく、あきらめて下のポイントには気付かず上流を目差してしまう
分かりやすい入渓点
オッ
浅瀬
ブッシュ
実は入渓点のすぐ下流に目立たないポイントが…
沈み石
沈み石

川幅の広い場所ではロングラインでより遠くに毛バリを飛ばす必要も出てきます。水中深く巻き込んでいく流れを読み、そこにタイミングよく毛バリを投射し、底の流れに定位している魚の目の前に毛バリを流すといった技術も必要になります。

このようなサオ抜けのポイントは釣りにくい場所だからこそ魚が残っているわけです。また、渓流では地形の関係で左右どちらかの岸にしか立てない場所があります。そして、日本人は左利きの人の割合が1割程度といわれています。これはつまり右利きの人にとって毛バリを振り込みやすいポイントが重点的にねらわれることになります。そこで私は、「左手でも右手と同じようにキャスティングできるようになれば、よりサオ抜けを釣るのに有利になるのではないか」と思いました。その後しばらくの間は利き腕の右手を封印して釣りを続け、左手が自由に使えるようになるまで練習しました。そして今まで手を出しにくかったポイントも積極的にねらえるようになったのです。これは私がテンカラを続けている中で、できるようになって本当によかったと思うことの1つです。ということで、今まで手の出せなかったポイント攻略のためにスイッチキャスト（利き腕と逆の手を使う）の練習をすることをおすすめします。

激戦区の釣りでは、サオ抜けを考えずに好結果を求めるのは難しいことです。練習を重ねて自分の技術を高め、積極的にサオ抜けをねらってみましょう。

毛バリローテーションのキーポイント

テンカラで使用する毛バリには人それぞれ持論があります。それらを大きく2つに分けると、同じ毛バリを使い続ける「1種類派」と、状況に応じて各種を使い分ける「多種類派」がいます。どちらのスタイルでも魚は釣れるので、どちらも正解となります。ただ、それでは混乱してしまうのでもう少し詳しく解説してみましょう。

1種類派は毛バリの種類にはこだわらず、釣り方や流し方を重視し、その毛バリに出る魚を釣る。もしくは次から次へとポイントを移動し、足で稼いで食い気のある魚をねらうことになります。多種類派は、人が多くて繰り返しキャッチアンド・リリースされている場所で釣りをしたり、移動が思うようにできず釣り方を変えるだけでは対応できない魚を相手にするケースが多いと思います。毛バリに合った魚を釣っていくのか？　魚に毛バリを合わせるのか？　このように考えると違いがご理解いただけるのではないでしょうか。

人の多い激戦区で釣りをしていると、見えている魚が反応しないので毛バリのサイズを変えたら食ったとか、仲間と釣りをしていて同じ種類の毛バリを使っていたが1人だけ別の毛バリに交換したらそれにだけ反応があった、白から黒に色を変えたら釣れた、などということがよくあります。そこで私は多種類の毛バリを持参するようになりました。

正直なところ私自身も毛バリの交換は面倒だと思うことがあります。人があまり入らない源流域や、魚がスレていない場所、時合等で条件のよいときには、1種類の毛バリを使い続けることがあります。ただ、人が多い激戦区で釣りをする場合には多種類の毛バリを用意して入渓しているのが現状です。

では、次にその毛バリをどのように使い分けているのかを考えてみましょう。

私は多種類の毛バリを使って釣りをすることが多いですが、持参した毛バリをやみくもに交換して使っているわけではありません。一定の基準を設け、ローテーションしながらその日その時のヒット毛バリを見つけ出すようにしています。

魚は常に一定の水深でエサを捕食しているわけではありません。季節や水温、エサの種類や量、流速や水深など、諸条件により水面から水底までいろいろな水深でエサを食べています。特に水温の低い冬場の管理釣り場で魚を観察していると、普段なら底で定位している魚が、なんらかの理由で一定の時間水面近くまで浮上し、表層のエサを食べているのを見ることがあります。そのようなときに毛バリを振り込むと、やはり水面を流れる毛バリへの反応がよいものです。一方で普段どおり水底にべったりと張り付いているときには、毛バリをしっかりと沈めて流さないと反応がありません。

河川によって生息する水生昆虫の種類は違います。魚がそれらの昆虫類をどのように選り好んで捕食しているかは不明ですが、同じ時刻に羽化した昆虫類が同じように流下してきて、それらを魚がライズというかたちで食べている姿を見ることがあります。

水面水中を問わず、流下する昆虫類を捕食している魚を釣る。そのために似せた毛バリを使うことは、考えとして自然なことだと思っています。

激戦区の釣り場では、1種類の毛バリで釣り方や流し方を変えても、ほかの人も同じようなことはしているのでなかなか釣果にはつながりません。かといって、あまりにも細分化した何十何百という種類の毛バリを用意して釣るのは現実的ではありません。そこで私

毛バリのローテーション例

水面を流しやすい毛バリ①→
沈む毛バリ②
明るい色の毛バリ③→
暗い色の毛バリ④

※ここでは視覚的に分かりやすくするため異なる形状の毛バリを掲載した。実際に差を検証するには同じ形状で浮沈明暗4種の毛バリを巻いて試すとよい

は「水深」と「色」をキーワードに毛バリの種類を絞り込んで釣りをするようになりました。水面や水面直下を流しやすい毛バリと、同じデザインでありながら水中や水底で流しやすいようにウエイトを入れたもの、さらにそれらの色が濃いものと薄いものを用意するようになったのです。

この場合、毛バリはそれぞれ別の形状をしていては具合がよくありません。形状以外の部分（重さと色）で検証がしやすいように、4種の毛バリを同じような形で作ることが重要な要素となります。

●水面を流しやすい毛バリを使う↓魚が出ない↓沈む毛バリを使う↓魚が出た
●明るい色の毛バリを使う↓魚が出ない↓暗い色の毛バリを使う↓魚が出た

これは簡単に答えが出た例ですが、私の場合はこのようにして浮沈明暗の毛バリを順序よくローテーションし、その日その時の魚の捕食レンジと好みの色を見つけ出すようにしています。4種の毛バリのローテーションは最初の段階です。次の段階では毛バリのサイズを変えることも加わってきます。サイズのバリエーションも含めると現実にはもう少し複雑な展開になってきますが、釣りにくい魚を引っ張り出す手段として、毛バリのローテーションは有効な手段だと思っています。

毛バリはハリの軸に注目

前項ではスレた魚を釣る1つの手段として4種の毛バリのローテーションを紹介しました。では私がそれらの毛バリを作る際、どのような部分に注意しているかを解説してみましょう。まず、色も形状もバラバラのものを使っていたのでは、魚が釣れたときに理由が明確になりません。そこで、それぞれの毛バリを同じように作ることが前提になります。

・毛足の長さの揃った明暗2色のハックル（みの毛）を用意する。
・ボディー材も同じ材質の明暗2色にする。
・沈める毛バリはレッドワイヤ（鉛線）をハリ軸に巻き付けて重さを調整する。

浮力はハックルの巻き数、重さは鉛線の巻き数で変化します。ボディー材の厚みでも変化します。まずはこのあたりに注意して巻いてみましょう。釣り方と同じく、毛バリの答えには「絶対」がありません。すべて「相対的に」としか答えの出しようがないのです。ですから何かを変えて作りそれを試す、試行錯誤しながら自分の釣り方とすり合わせて、自分自身の毛バリを作り上げていくことになります。激戦区でも魚がたくさんいてバカスカ釣れるなら、自分の毛バリ、他人の毛バリ、はたまた買ってきた毛バリであっても何も考える必要はありません。でも、そうはいかないから毛バリや釣り方を考える。そこで毛バリを自分で作ることになるのですが、そのうえでもう1つ考えないといけない重要なことがあります。それは、毛バリの土台となるハリそのものについてです。

毛バリのローテーションでどうにか魚を出せたとしても、ランディングできなければ釣果とはいえません。シビアな状況では1日にたった一度しか魚が出てこない場合もあります。そこでバラすのは致命的、もし大ものだったら……。

私も含めてキャッチアンド・リリース派の方はカエシのないバーブレスフックを使用することが多く、魚をバラす確率はより高くなりがちです。またバーブ付きのハリを使用している方でも、掛かりが浅いとバラすことがあります。取り込み時にハリスがたるむことも
バラす理由の1つですが、毛バリの刺さりの悪いことが一番だと思います。このことはバーブレス、バーブ付きを問わず、どちらにもいえることです。

私の場合、激戦区では神経質な魚を釣るために細いハリスを使用することが多くなります（状況により0・5号までを使用）。その場所の魚の平均サイズも考慮しますが、1号以上の太いハリスを使うことはありません。そのような細いハリスに強いアワセは禁物なので（アワセ切れを起こす）、どうしてもハリ先に伝達するアワセの力が弱くなりがちです。そこで注目したのが、ハリの軸の太さ（細さ）です。私は、ハリはその形状から相対的に反対の特性を持つと考えました。すなわち、軸の太いものは掛かりが悪い、しかし耐久性がある。細いものは掛かりがよい、ただし大ものとのやり取りや根掛かりで伸びやすく折れやすい。

太いハリスを使い、頑丈なサオで力強いアワセをするなら太軸のハリを使用しても問題はありません。アワセの力もハリ先まで充分に届きます。それで釣れるなら、耐久性のある毛バリを使って釣りを続けたほうが合理的だと思います。しかし激戦区で細いハリスを使って繊細な釣りをする場合には、太軸のハリでは刺さりが悪い。そしてフトコロまでしっかりと掛からないハリではバラす確率が上がってしまいます。私は、なるべく刺さり重視で軸の細いハリを選ぶようにしています。テンカラ用、フライフック、エサ釣りのハリに自作アイを取り付けるなど、毛バリには本当に多くの種類のハリが使われています。ハリのパッケージには軸の太さを明記した製品もあります。フライフックはFINE（ファイン）という表記で細軸を表わしています。表記がない場合、私は目視で比べ、同じサイズのハリならより細いほうを選んで毛バリを作るようにしています。

激戦区で使用する毛バリは、1尾の魚を釣りあげることに重きをおき、毛バリの耐久性よりも刺さりのよさを優先させて考える。このような視点からハリを選ぶことが重要だと思います。

集中力を切らさない工夫とテーマを追求する効果

激戦区で釣りをするにはどのようなことに気をつければよいのか、道具、釣り方、そして毛バリのことまで解説してきました。

最後に少しだけメンタル面のことを書いてみたいと思います。

ある程度釣りができるようになってくると、とにかくガツガツと魚を釣りたい一心で前のめりになる傾向があるのではないかと思います。休憩も取らず、血まなこで釣りを続けた結果、いつの間にかポイントは見えなくなり、毛バリの振り込みが甘くなる。毛バリを流す距離も短くなり、無駄なキャスティングを繰り返す。そこでたまたま魚が出たとしても、アワセが利かずバレる。本人は「一所懸命やっているはずなのに」と頭に血が上り、カッカした挙句、転んで怪我をする。その拍子にサオを折る……。

釣りに情熱を燃やしている方なら、多かれ少なかれ、どなたにもこのような経験があるのではないでしょうか。ここに書いてあるような悪循環に陥ってしまったら激戦区での釣りどころの話ではありません。テンカラで雑な釣りはご法度です。

渓を安全に歩き、魚を驚かさないアプローチをする。その日その時の天気や気温（水温）の変化に対応する。場所が決まれば的を射るようにキャスティングをする。毛バリの動きやラインの変化を注視して、反応があれば反射的に腕を動かし魚をハリ掛かりさせる。そしてラインを緩めず、バラさないように取り込む。

このうちどれか1つでも欠如すれば、魚を手中に収めることはできません。特に激戦区ではより繊細な注意が必要になるのです。そして、これらのことを続けるためには集中力が欠かせません。

釣りを開始してから1時間、2時間と経つ間に集中力は徐々に低下していきます。しかし当の本人は、釣りに夢中になっているのでそんなことは感じません。そこで私は集中力を回復させ、繊細な釣りを続けるためにも、時間を決めて休憩を取るようにしています。あと1尾釣れたら、おなかが空いたから、疲れたからなど、自分のペースで休んでいたのでは集中力を保つための休憩にならないので、時間を決めて休むようにしています。たとえば1時間ごとに腰を下ろす。座って周囲を見渡せば、水位の変化などによる危険を事前に察知できるかもしれません。深呼吸をして空を見上げれば、天候の変化に気づくこともあるでしょう。休憩しながら飲み物や糖分を摂れば、疲れた体の回復につながります。

道具や技術が同じだとしたら、最後に勝敗を決めるのは精神的なものです。自分の釣行時間の中に休憩を上手に取り入れ、集中力が切れないようにすれば雑な釣りをすることもなくなり、落ち着いた状態で激戦区の魚と対峙することができるはずです。

そしてもう1つ、激戦区に限らず、これから先のことを見据えてのアドバイスになりますが、自分自身の釣りのテーマを決めてテンカラを続けていっていただきたいと思うのです。魚が釣れたからうれしい、釣れなかったから悔しい、そんなことを漠然と続けていたのでは、どれだけ時間が経過しても前回の釣りと大して変わることはありません。

1回のテーマ、1シーズンのテーマ、一生のテーマでもよいのです。今日は数を釣る、今日はこんな場所から魚を出してみたい、今期は何がなんでも大ものを釣りたい。こんな毛バリで釣ってみたい、水面の釣りを覚えたい、水中深くから魚を釣ってみたい。どんなことでもかまわないので自分のテーマに沿って釣りをし、その結果を、釣れても釣れなくてもじっくりと考える。こうすることで自分の釣りは毎回確実に伸びていくと確信しています。

集中力とテーマを忘れずに、そして何よりも楽しみながら、これからもテンカラ釣りを続けていただきたいと思っています。

私のテンカラ釣り開眼エピソード

東京の下町で生まれ育った私が初めて釣りを体験したのは5歳のときだった。当時住んでいた町内には旦那衆と呼ばれるお金持ちの粋な大人が多く、夏になると親睦目的で船を仕立て、お台場周辺で家族や友人とハゼ釣りを楽しんだ。わけもわからず船に乗り、いわれるままに釣ったハゼ。その場で船頭さんがこしらえてくれた天ぷら。5歳とはいえこのとき魚を釣るのが本当に楽しいと思った。ただ、私の家族には釣りが趣味の人はいなかった。父親は付き合い程度。祖父は釣りに詳しかったが高齢で行くことはなくなっていた。

釣りの楽しさを知ってしまった私は、釣りに行きたくて仕方がなかった。小学校に入ると先輩や親戚、友人の父親などが連れていってくれたこともある。しかし自分のペースで釣りができるわけではなく、悶々《もんもん》とした日々を過ごした。中学生になると登山やキャンプなどにも興味を持ち始め、ときどき仲間と一緒に出掛けるようになった。1人で好きな釣りにも出掛けていた。その頃、開高健の著書『フイッシュ・オン』を読み、擬似餌の釣りに興味を持つようになった。舶来の高価な釣り具を飾ってある高級釣具店のショーウインドーをのぞき、ため息をついていたのもこの頃だったと記憶している。

自分で車を運転するようになり、定職が決まってからはルアーやフライフィッシングに手を出した。毛バリを作ることの楽しさを覚え、一時は釣りにも行かず毛バリ巻きに没頭していたこともある。今思えばこのときに私がテンカラ釣りにのめり込む、最初のスイッチが入った気がする。20代半ばだったろうか、『毛バリ釣りの楽しみ方』（桑原玄辰）という本に出会った。毛バリ釣りというタイトルに惹《ひ》かれ、フライフィッシングの参考になるかと思い購入したが、そこに書いてある釣りに興味を持った。まだまだ情報も少なかったので、この本だけではテンカラという釣りに踏み出すことができなかった。周囲にテンカラをやる人もいなかったため、したい気持ちを持ったまま年月が過ぎていった。

その後、バス釣りにのめり込んだ。ハイエースにキャンプ道具を積み込み、富士五湖や津久井湖、霞ヶ浦周辺をウロウロと釣り歩いた。船舶免許も取得し、琵琶湖遠征にも何度か出掛けた。当時ニジマスのいる湖や、ちょっとした渓流でのルアー釣りもやったが、あまり釣れなかったと思う。しかし擬似餌の釣りだけは熱の上下はあれども長い間続けていた。そんなとき、あるきっかけで私は後に師匠となる堀江渓愚さんと出会った。

「この人なら自分の中にあるテンカラについての質問に、上手いこと答えてくれそうだ」そう思った私は彼のもとに足繁く通うことに決めた。この出会いが2つめのスイッチとなった。実際にサオを手にしてやってみる。分からないことを聞く。明確な答えをいただき、

人から教わること、人に教えること、人との出会いが私のテンカラ釣りを育んでくれた

理解できれば次なるステップへ。こうして不明だった部分がするするとほどけていった私は、次第にこの釣りにのめり込んでいったのである。

2009年秋。当時師匠が総支配人をしていた管理釣り場「TOKYOトラウトカントリー」。ここにはテンカラファンが集まっていた。その人たちから聞いた話に、「テンカラをしたいと思っても、なかなか教えてくれる場所がない。教えてくれる人もいない」ということがあった。このことは自分自身の経験からも感じていたので、「機会があれば他人にテンカラを教えてみたい」と思っていた私は企画書を書き、師匠に相談しようとトラウトカントリーに向かって車を走らせた。到着すると不思議なことに、「吉田さん、今日ちょっと話があるのだけれど」と師匠から話を切り出してきた。「今度この場所でテンカラ教室をやろうと思うのだけれど、自分でやるのは大変なので講師役を引き受けてくれないだろうか」。ときを同じくして同じことを考えていた師匠。私も驚いたが、企画書を書いて持参した話をすると師匠も驚いていた。そしてこのときに3つめのスイッチが入ったのである。それまでは個人の趣味だったテンカラに「他人に伝える」という目的が加わったのだ。

釣りの未経験者にもテンカラを理解してもらえるように、分かりやすく解説することを念頭においた。そのために自分の釣りを一から見直し、名手から初心者まで他者の釣りをじっくりと見て、それを分析するようになった。偏ったことの押し付けにならないように、より多くの情報収集に努めた。感覚では伝わりにくいので、理論や言葉で説明するにはどうすればよいのかを考えるようになった。道具や毛バリも検証を繰り返した。

自分から他人へ。この立ち位置の変化が、他人のためだけではなく、自分の釣りを伸ばす大きなきっかけになったと思っている。

III

さらなる釣果を引き出すために

大沢健治

テンカラ釣り歴17年。上州屋坂戸店店長、全日本暇人協会会員。仕事柄さまざまなジャンルの釣りに詳しい。渓流は源流から里川までエサとテンカラの二刀流で自在に楽しむ。エサ釣りやフライのエッセンスも取り込み、特に源流部の大イワナ釣りに高い実績を持つ。

テンカラ釣りのメリット、デメリット、限界点

私は釣具店の店員ということもあり、普段からいろいろな釣りをしています。渓流釣りでもルアー、フライ、エサ、テンカラとジャンルを問わず経験してきました。おかげで渓流に立つとポイントに応じて「この釣法が一番よいだろう」と無意識に想像しています。

テンカラのメリットとはなんだろうと改めて考えてみました。私が経験してきたなかで、テンカラが強いと感じたことが何度かあります。まずは魚が上、つまり水面を意識しているとき。長野県魚野川への釣行時、平瀬の対岸側、流れの少し緩いポイントでライズを繰り返す2尾のイワナがいました。ブドウ虫でなるべく浅い層を流すのですが見向きもしません。数回流しても同じなのでオモリを外し、表面張力を利用してブドウ虫を水面に浮かせて再度流すと、今まで反応しなかった魚がすぐにくわえたのです。ブドウ虫を嫌っていたわけではなく、水面を流れてくるエサしか興味がないという状況でした。

結局、2尾とも釣ることができました。このような状況だとエサ釣りではなく、テンカラでねらうほうが圧倒的に有利です。

新潟県早出川の例。この川は標高が低く、イワナの川ですが夏季は水温が高くなります。

流速のない浅い流れのポイントもテンカラに有利だ

7月下旬に入渓した際、同行者はテンカラ、私はエサで釣り上がり、私にはアタリが全く出ません。そこでテンカラに変えてみたところすぐに釣れ出しました。このときも魚は水面ばかり意識していたと考えています。

イワナ釣りではこのような経験をしており、水生昆虫の羽化時、それからエサの大半が陸生昆虫の流下や落下によるものであるときなどに、テンカラが強いと感じる状況が生まれるのだと思います。

次は、釣りのスピードです。渓流や源流域で一番早いのはテンカラかルアーでしょう。両者とも早いテンポでポイントをねらえる・エサを付ける手間がない・イコール時間が掛からないので長い距離を遡行でき、多くのポイントを探れるメリットがあります。ただし、静かに1尾ずつ釣っていけるテンカラやフライに対して、ルアーは一度に多くの魚を引き付けてしまうぶん場を早く荒らしてしまいがちです。そこに数尾の魚がいたとすると、結局、数では毛バリのほうに歩があると思います。

3つめのメリットは、テンカラはプレッシャーを与えにくい釣り方だということ。特に小河川や沢では、テンカラは魚に気付かれにくい釣り方だと感じています。私は一日の釣りで、エサのちテンカラ釣りということがあります。私のホームグラウンドである秩父の渓流は灌木が被り、エサでも仕掛けを短くする場面が増えます。慎重にアプローチをして振り込みも一発で決め、ここで食わせるというイメージで釣るのですが、この一連の動作でどこか1つでも失敗すると魚を逃すことになります。また仕掛けの短いエサ釣りではポイントにぎりぎりまで近づくため、サオの存在自体が魚にとってプレッシャーとなります。チャンスも一度きりということが多い。その点、テンカラはサオの存在を気づかれにくいという大きなメリットがあります。同じポイントをねらうにしても、魚の頭上にサオ先が近いのはエサ釣り。特にサイトフィッシングでねらうとき、テンカラは魚に気づかれることなく数回のキャストが許される場合が多いことから、そう考えています。

それではテンカラ釣りのデメリットはなんでしょうか。最初に思いついたのはやはり水

淵の場合、手前の流れ出しはテンカラでも釣りやすいが、淵の規模が大きくなるほど、また水深があるほど手の出しにくいポイントが増える

温の低い時期、時間帯です。解禁当初の朝などは川虫の羽化もなく、魚の動きも鈍い。毛バリを沈めてゆっくり誘ったりしても限界があります。こういうときは活きエサ、匂いのあるエサを使えるエサ釣りに分があります。昼近くになって水温が上がり、ライズが見られるようになると初めて小さな毛バリでの釣りが成り立ちますが、難しく効率も悪い。また夏季でも標高の高い釣り場などでは、水温の低い早朝よりも昼からのほうが毛バリへの反応がよかったりします。

次は水深です。大きな落ち込みや淵、堰堤や滝壺など水深が3mも4mもあるポイントは、大きなオモリを付けられないテンカラでは太刀打ちできないことが多い。毛バリを流れに馴染ませ沈めて食わせられる場合や、魚が浮いていたり、また大きな毛バリで魚を浮き上がらせて食わせられることもありますが、魚が浮いてない状況や深すぎる場合はエサ釣りやルアーに分があります。

　大雨や台風で増水し、きつい濁りが入ると魚はエサを見つけにくくなり、岸際や緩い反転流などに避難して固まっていることもあります。こうなるといくら毛バリを入れても気づいてもらえません。匂いのあるエサを使えるエサ釣りでは入れ食いなんてこともありますが、毛バリには全く反応がなかったり、濁りがある程度薄くなるまで釣りにならないことが多いです。また濁りに関連して、落ち葉などのごみの流下が多いときも毛バリへの反応が低下します。春先、河原に溜まっている落ち葉が少しの増水で一気に流れるときなど、落ち葉が多すぎて魚は毛バリを見つけにくくなるのだと思います。

　結局そのときの状況、季節や水温、ポイントの種類、ヤマメ、イワナ（対象魚の違い）でも釣り方が変わるのが渓流釣り。テンカラに向いているとき、向いてないときのフィールドを自分で見極める力を持つことが重要なのではないでしょうか。あの川は今ならテンカラでいける。この川は今、テンカラでは厳しい。そんな河川ごとの特徴を記憶して状況を判断できる釣力みたいなものが重要だと思います。

アプローチと立ち位置は俯瞰《ふかん》的視点で常に先読みする

渓流での立ち位置を考える際、まず理解しておかなければならないのが流れの向き。特に小・中渓流では複雑で、落差のある渓相、ゴーロ帯などではその度合いが増します。落ち込み両側にできる反転流も多く、屈曲部などではそれが大きくなっていたりします。こういう場合、不用意に近づこうものなら魚と目が合ってしまったり……。釣り人はポイントの流れの向きを瞬時に見極め、どの方向からアプローチすれば魚に気づかれないか判断できないといけません。

次に障害物について。岩、大石、倒木などは渓流域で普通に見られます。これらは釣り人と魚の間の障害物となり、死角のポイントに魚が付いていることがよくあります。これがよくサオ抜けになります。障害物は、その裏にどのような流れが隠れているのかを想像することが重要です。いろいろな角度から川を見ることについても同様です。たとえば左岸から一定の区間を釣り上がり、今度は右岸から同じ区間を釣り上がってみる。すると左岸からは見えなかったポイントが必ずあるはず。最初に左岸から釣ったとき、どれだけ右岸から見たポイントを想像できたか？　その想像力が実際に釣り上がるときにテンポよく、無駄なく、魚に気づかれずに立ち位置を決める判断につながってきます。

私の頭の中はいつもこのような感じです。

「まず前の筋を釣って、流れからして奥の岩の裏は水深があってヤマメが付くのにちょうどよい流速の筋があるだろう。だから右にあるポイントをねらった後に回り込んでサオをだし、次にその上流の筋を釣ろう。

あの大岩の裏は水深があって緩い流れだろうから魚が浮いているかもしれない、だからその上には立たずに回り込んで確認しよう」

また、川幅がそれなりにある河川で先行者がいたとします。そんなときは足跡を見て、先行者が右岸からサオをだしていたと判断したら自分は左岸を遡行する。そうするとサオ抜けを釣れることもあります。

釣り上がりでポイントをねらう順番はこのような感じですが、同時にねらい方も考慮しなければなりません。1つの筋に魚が付いているとします。下流側からそっとアプローチして毛バリを打つと気づかれにくい。後ろに木の枝などがあってサオが振れない場合は左右どちらかに回り込まなければならない。そのときはなるべく距離を取り、身を低くしてアプローチする必要がある。川幅のない沢、小渓流、渇水時で流れが緩く鏡のような状況で魚の横側からねらうときは、特に気を付けるべきです。

【ポイントのアプローチ例】

まず①②③の部分を順にねらう。ここまでは余分な動きで渓魚に気づかれてしまわないように自分の立ち位置をほぼ変えない。次の④は、自分からは手前の岩が邪魔でよく見えないが水深や流速も申し分のないポイントで岩の裏側に魚が定位している可能性が大。慎重に③のポイントのやや後ろからサオを振る。次に⑥を釣るための立ち位置を考え、⑤を先に釣る。⑥を釣った後に⑤のポイントから⑦を釣るのだが、こういった開きは低い姿勢で慎重に。人によっては⑥のポイントを釣ったあと、そこを歩いて⑦を右岸側から釣ってしまう。しかし、そうすると⑦のポイントの右岸側の岩（点線の枠）のキワはねらえない。また④のポイント上流の岩の後ろもウケとなる好ポイントで（④と⑦の枠がかかっている岩の上流側）、ここを釣るにも⑤のほうがよい

私は渓流域、源流、沢でサオを振ることが多く、開けた渓流や源流域などでは3・6〜3・9mザオを主に使用し、灌木が被るような沢、渓流、規模の小さな源流などでは2・4〜3・3mザオを使い分けています。魚との距離はできるだけ取ったほうがよいのですが、まずサオが振れないと始まらない。毛バリを枝に引っ掛けてばかりでは釣りになりません。そして、川の条件に合った長さのサオで距離に応じたアプローチを考慮しなければならない。短いサ

このような釣り場は特にだが、右岸側から中心にねらわれたとすると、左岸側からはサオ抜けとなるポイントが高確率で残っている。また右岸から釣り上がった後、もう一度左岸から釣り上がるのも面白い

オになればなるほど、ラインを短くすればするほど、アプローチは慎重を要します。

もう1つアプローチで気を付けたいことがあります。それは、魚は頭上にはかなり神経質だということです。したがって土手から降りる、高巻をして渓に降り立つ、大岩を乗り越えるときなど、魚の上からのアプローチは、そっと静かに、なるべく気づかれないように注意しなければなりません。

水面下を想像することの重要性

立ち位置を決めたときにはすでに毛バリを打つ場所や流れの筋をイメージしています。このとき、イメージのポイントは大きく2つ。まずは魚がどこに定位しているか？　そして魚のいる水深はどれくらいか？　です。

魚がいない場所にいくら毛バリを打っても釣れないし効率も悪い。だから魚のいる場所を見つける、想像する作業はテンカラ釣りにとって非常に重要です。魚が定位するポイントはさまざまで、季節やそのときの水量などによっても変わります。さらに、対象魚がイワナか、ヤマメかでも違ってきます。

私がオススメしたいのは、同じ川に解禁当初、春、夏、秋とシーズンを通してサオをだすこと。できれば増水時、増水後なども加えるとさらによいと思います。

「春先はこんな水深や緩いところに入っているのか」「初夏は浅瀬、早瀬にだいぶ魚が移動したな」「増水時はこういう場所に固まっているのか」「このヒラキは一年を通して魚がいるな」など、経験を積み重ねて魚の位置を想像できるようにします。

この精度が上がっていくと、魚を見つけてサイトフィッシングに持ち込める機会が増えます。魚を見つけることができればむやみに毛バリを打ち込む回数が減り、場を荒らすこともなく、釣果も伸びます。今は多くの本やＤＶＤ、釣り専門のテレビチャンネルや動画の投稿サイトなど、釣りをしている画像、映像があふれているのでそれらを参考にするのもよいでしょう。

魚の場所をイメージするか確認したら、それがどれくらいの水深なのかを考えます。浅い場合には魚も毛バリを見つけやすいし、こちらも毛バリを届けやすいので魚（またはいるはずのポイント）の40～50㎝上流に打ち込み流します。このときなるべく魚のいる筋からずれないように。小渓流の小さなポイントはピンスポットに打ち込みます。

水深がある場合は、魚から毛バリまでの距離がありすぎて気づいてもらえない、水面・水面付近を流れるエサに興味がない、そもそも活性が低く魚の動きが鈍い、水面付近のプレッシャーが高くて沈みがちなど、いろいろなことが考えられます。魚が中層や底付近に定位して流れてくるエサに反応しそうなら、まず魚のやや上流側に毛バリを打ち込み、水面か水面直下を流してみる。活性がよければそれなりに深い場所の魚も浮上して毛バリをくわえるでしょう。

反応がないときは魚のいる層まで毛バリを届けなくてはなりません。毛バリを重いものに交換したり、さらに上流に打ち込んだり、巻き返しの流れに乗せて沈ませたりして流し込んでいきます。大切なのは、どこに毛バリを打てば表層の速い流れを通過して魚のいる層に毛バリを届けられるか。またどこに打てば毛バリが沈みやすく流れに馴染みやすいか。この2点を考えて打つようにすることです。

私はエサ釣りもするので、毛バリが今どこを流れているかを、ハリスの長さや角度、打ち込んだ場所の流れの速さや毛バリの重さなどから判断しています。そして、エサ釣りだったらここでアタリが出るはずというポイントに毛バリが流れて行くようにしています。

尺イワナには大きな毛バリ

大ものほど警戒心が強く、そう簡単に釣れないのはいうまでもありません。一方で、多くの人は頻繁に源流へ行けるわけでもなく、私も年に数回しか釣行できません。だからこそ、そのときは尺イワナを釣りたいと思うわけですが、源流＝必ず尺ものに会えるかといえばそうではありません。入渓者が多く入りやすい渓流に比べれば確率は上がるかもしれませんが、釣りに「絶対」はないのです。ただ、「こうすると大ものに一歩近づけるのでは」と思うことがあります。

源流釣行の際、私は必ず大きな毛バリを用意します。私の源流釣りの師匠でもある下田香津矢さんは昔から、「大きな毛バリを使え」が口ぐせで、それに倣《なら》ったのですが、使い込むほどにその意味を理解できるようになりました。

大きな毛バリの一番のメリットはイワナに見つけてもらいやすい、これに尽きます。新潟県大石川西俣で大熊小屋上流を仲間2人が先行、私が最後にサオをだして釣り上がって行ったときのこと。当然、前の2人がよさそうなポイントを釣ってしまいます。そこで私は迷わずでかい毛バリを結び、低い落ち込みからすぐの浅い白泡の上や、落差のある落ち込みでも下が埋まっていて水深のない白泡の上をねらいました。この浅い白泡のポイントは意外と尺イワナの確率が高い割にはそれほどよさそうなポイントに見えず、サオ抜けになりがちです。私がエサ釣りでも数々の尺イワナを釣ってきた気の抜けないポイントで、テンカラでも見逃せません。そして大きな毛バリだからこそ、白泡の上でもイワナからしっかりと見え、口を使わせることができます。

大淵、滝壺などの大場所は源流で見逃せないポイントですが、必ずしも魚が浮いているとは限りません。確かに浮いていれば高確率で釣れますが、浮いていない場合が問題。そんなときは沈んでいるイワナを浮かせる力を持っている大きな毛バリの出番です。ここで重要なのは毛バリをすぐに上げないこと。要は「ほったらかす」です。流れに落ちた虫は表面張力でしばらく浮き続けます。毛バリも同じようにじっくりとイワナに見せてやり、魚が浮いてくる間をしっかり取ってやることが大切。また、水面が波立っているような滝下や大きな落ち込みの巻きなどでは、大きな毛バリを水面にたたき付けるように打つとよいことがあります。これはたたき付けたことによる音や波動で、イワナにエサが落ちたと気づかせやすくするため。小さな毛バリが静かに着水しただけでは、イワナが気づいてくれない場合もあるからです。

私はエサ釣りもしてきたことで、「大きな魚を釣った」という話を何度も聞いてきました。それらの話の中で出てくるエサは、バッタ、トンボ、コオロギなどの陸生昆虫やドバミミズ。どれもそれなりにでかいエサで、やはり大きな魚ほどその体を維持するためには多くのエサが必要で、大きなエサも捕食しているのだと思います。ぜひ、大エサ＝大きな毛バリの強さを実感してもらいたいと思います。

大イワナには自信をもって大きな毛バリを使おう

エサと毛バリでポイントは違う？

テンカラ釣りでは、魚のいる場所にエサを届けるか・毛バリを届けるかの違いだけで、ポイントは基本的に一緒だと思って釣りをしています。エサとテンカラではねらい方は違っても、魚の居場所が変わるわけではありません。では違うとすればどんなポイントかと考えると、それは、ねらいやすいか・ねらいにくいかではないでしょうか。

たとえば灌木が被るポイント。水面と枝の間がせいぜい30㎝ほどだったとします。枝の下は魚にとってよい隠れ家となり、流れもいい。そこをエサ釣りでねらうとなるとオモリの付いた仕掛けでは送り込める限度があり、仮にオモリを取って送り込むにしても限界があります。一方、水面を流すことができるテンカラ（毛バリ）ではしっかりとねらうことができます。これはつまりエサ釣りでは手が出しにくいポイントなのに、毛バリではおいしいポイントです。

次は鏡のような流れの緩いポイントで考えます。堰堤上のプールや流速のないトロ場、こういうところでもテンカラが有利です。エサ釣りではサオを振った際に近すぎて魚に気づかれやすく、また緩い流れほどサオを立てて流さなければなりません。そのぶんポイントに近い位置に立たなくてはならず不利です。流れが緩すぎると自然に流すこと自体難しくなります。これに対して、より長いラインを使えるテンカラでは魚と距離を置くことができるので有利になります。

では逆に、エサ釣りに有利なポイントはどうでしょうか。

段差が少なく、極端な大場所がないテンカラ釣りに適した典型的な渓相の一例。適度に張り出した木の枝などからは陸生昆虫の落下等も期待できる

テンカラ釣りのメリット・デメリットの項でも少し触れましたが、まず思い浮かぶのは水深3ｍの底に魚がいるような落ち込みや、落ち込みからの流れが速くてエサ釣りでも3Bのガン玉4連でようやく入るようなポイントです。深くて上の流れが速い状況では、毛バリを沈めるのが不可能な場所も存在します。このような場合はエサ釣りが有利です。

堰堤直下や滝壺のエグレなど、直接目には見えないが大きな魚が付きやすいポイントも同様です。エサ釣りでは重いオモリにハリスを長くして対応しますが、テンカラでは不可能なオモリの重さを背負わせることになります。

水量のある押しの強い早瀬などで底波にいる魚に対しても、その層をドラッグを掛けずに長く流せるエサ釣りが有利になります。

ほかにもテンカラザオを振るスペースが取れない空間など、空中での問題があります。手にしたサオがなんであれ、魚の付く場所は同じです。変わるのはどのポイントが釣りやすいか。そして渓流、源流の渓相は多彩でポイントも千差万別。だからこそ多くの渓流に通ってテンカラに向いている河川、エサ釣りに向いている河川を自分で経験することが重要なのだと思います。私の場合は、シーズン中必ず1回は初めての河川や、初めての区間を釣るようにしています。そうすることで「今度はテンカラでここを釣ろう、逆にエサ釣りで今度はねらおう」というような経験を増やしています。

魚の出方とアワセのタイミング

アワセのタイミングは早いほうがいい、遅いほうがいい、さまざまな意見がテンカラファンにはあると思います。私もこれが絶対に正解なんてことはいえないのですが、自分自身の釣りを振り返って考えてみました。

普段多く行く秩父の渓流で春先のヤマメの場合。4月後半、流れの開きに出ているヤマメを発見したら、毛バリをそっと上流に落として流します。毛バリを発見したヤマメはゆっくりと近づき、毛バリをくわえ、口を閉じたときに合わせます。この季節のヤマメはゆっくりと出ることが多く、おそらくそれは水温の関係だろうと思われます。同じく、イワナがこの季節に浮いていたとします。これも同じような出方で釣っています。

6月が過ぎると魚たちの活性も高い時期に入ります。流れの開きに出ているヤマメの動きは速さを増していますが、毛バリの流れ方がゆっくりで、それに合わせて出てくるときはそれほどでもなく、春先に比べて少し早いイメージで口が閉じるのを見て合わせます。イワナも同じです。

ただし、瀬を釣る夏場はヤマメの動きが一段と速くなり、毛バリの着水直後に出るケースも増えます。このときラインスラックがあったり、イトにクセがついていたりしてアワセが遅れると、掛からないことが多い。また、水温が高い時期は水深のある淵や落ち込みの巻き返しなどに毛バリを落とした際、一瞬でヤマメが出ることがよくあります。猛スピードで下から突き上げてきて毛バリをくわえ急反転。この場合、魚は毛バリが水面に落ちる前から動き始めているため釣り人はあらかじめアワセの準備と心構えが必要で、早いアワセが重要になります。

ではイワナは？　私はヤマメに比べて比較的遅いアワセで釣っています。イワナはシーズンを通してゆっくりと毛バリをくわえるように思えるからです。ただし、里川になるとイワナもスレ気味の場合があります。人の出入りが多い釣り場になればなるほど、ヤマメのように小さくピシャッと早い出方をすることがあり、速いアワセを求められるケースが増えます。また、季節や天候により活性の低いときや、ポイントによっては毛バリを沈ませて釣ることがあります。この場合はラインの変化でアタリを取るため、アタリがあれば即合わせます。

源流ではどうでしょうか。思い返すと、アワセはそれほど早くなくても大丈夫だと思います。源流のイワナはうぶで、里のスレきった魚たちとは違います。魚に気づかれず自然に毛バリを流すことができれば、ゆっくりと口を使うことが多い。また毛バリをくわえている時間も長いように思えます。もちろん遅すぎてもよくないですが、一呼吸おいてから合わせるくらいでもよいでしょう。

アワセのタイミングは、そのときの季節、水温、対象魚、ポイント、スレ具合など、いろいろな条件で変わるのではないでしょうか。大切なのはその日の状況を早くつかみ、それに合わせた釣りを展開することだと思います。

1軍毛バリの揃え方、2軍毛バリの楽しみ方

毛バリの種類はそれこそ数えきれないほどあります。日本に伝わる伝統的なもの、海外から伝わってきたもの、個人のアイデアでアレンジしたもの。正直、いろいろな毛バリを持っていたほうがより多くの状況に対応できてよいとは思うのですが、持ち歩く数には限度もあります。

皆さんはどのくらい毛バリを持って行きますか？　私はそれほど多くはないです（P94〜95参照）。一年を通して持ち歩いているのはキジの剣羽根毛バリ。胴の色は茶や黒、剣羽根も黒とナチュラルをメインにしたもの。この毛バリは結構万能なイメージで使っています。ヤマメ、イワナともに反応がよく、春から秋まで長いシーズンに対応できています。

黒や茶の逆さ毛バリは水面まで出にくい状況などで、水面直下から沈めて誘いをかける際に使用します。

ほかには新潟県の名手にいただいた毛バリを自分なりに真似て巻いたもの。そして源流釣行用の大きな毛バリとしてバッタを意識したものか、大きめのエルクヘア・カディスなど。以上、大きく分けてこの4種類を使い分けて釣りをしています。あとは釣行前、「こ

んなのはどうだろうか？」と思いながら巻くタイムリーな毛バリがいくつか。

私の場合、ホームグラウンドの秩父の渓流でテンカラを振り始めたのが今から17年ほど前。はじめは当時すでにやっていたフライフィッシングの毛バリを流用することがほとんどで、それなりに釣れていましたが、次第にシンプルな剣羽根毛バリや逆さ毛バリなどを使うようになっていきます。それらのテンカラ毛バリでも釣果を得られるのでシフトしていった感じです。

なかでも剣羽根を使用した毛バリは一味違っていました。初めて使用したのは確か5月、徐々に水温が上がり始めたころで、ブッツケのたるみに落とすと一瞬でヤマメが飛びつきました。すごいスピードだったことを今でも鮮明に記憶しています。おそらく、水面に落ちる前にヤマメは毛バリに気づき、着水とほぼ同時に毛バリを食ったのでしょう。この反応のよさからそれ以来、サイズ、色違いの剣羽根毛バリを巻き、多用するようになったのはいうまでもありません。そして今も期待に応えてくれています。

同じくテンカラを始めて間もない頃、師匠の釣友でもある名手の方から頂いた毛バリはとにかく強かった。活性が高いときに釣れるのはいうまでもなく、低活性の状況でも結果を出してくれました。この毛バリは自己融着テープを胴に巻き、毛バリ自体が適度な重さを持っています。重さがあるので流れに馴染ませやすく、また落ち込みや淵に沈めていくときも重宝しています。この新潟の名手の毛バリと、剣羽根毛バリの中間的な重さが逆さ毛バリです。これで水面、水面直下、中層、底層とすべての層をカバーし、それに源流用の大きな毛バリが加わって今に至っています。

おそらく、テンカラをある程度長く続けている方は自分の得意とする毛バリ、自信のある毛バリがある程度絞られているのではないでしょうか。一日に何十種類もの毛バリを交

剣羽根を使った毛バリはイワナ、ヤマメともに好反応

逆さ毛バリは水面直下から中層の誘いに

換するのは非効率で現実的ではありません。自分が通うフィールドに合った毛バリ、そのシーズンに合った毛バリを見つけることができれば、数種類の毛バリで釣果を上げることは充分可能です。とはいえ釣りは遊び、これと決め付けずにいろいろな毛バリを巻いて遊ぶのも、それはそれで楽しさがあります。

1軍の毛バリケースをメインに、もう1つ遊び心の入った2軍の毛バリケースも忍ばせて楽しみたいですね。

十日町の名手パターンは毛バリ自体に適度な重さと弾力がある

ホッパーのパラシュート。でかい毛バリは源流の必須アイテム

サオ選びの実際とラインの組み合わせ

　サオの好みは十人十色といっても過言ではないのがテンカラ釣りではないでしょうか。最近はスマートフォンで検索すればさまざまな釣りの仕掛図やタックル図がすぐに見られる便利な時代ですが、テンカラにはこれという正解がありません。そして、現在販売されているテンカラザオは数十種類に上ると思いますが、長さ、硬さ、調子の組み合わせで一つ一つ見ていくと、同じテンカラザオとは思えないほどの違いがあります。ということは、当然それらに向くラインの重さや長さなどにも影響が出ます。

　ではどんなサオを選べばよいのでしょうか。私の場合は釣行するフィールドと、そこで釣れる魚をイメージして決めるようにしています。

　まずは源流。ただ一言で源流といっても、山形県八久和川のような大源流から枝沢までさまざまです。大源流では3・9～4・5ｍの長ザオで、なおかつ小継ぎタイプがおススメ。高巻や泳ぎのある源流域では仕舞寸法が短いほうが便利です。また川幅が広く短い仕掛けでは届かないポイントもたくさんあるので、仕掛けも長めに設定します。使うラインの種類、そのサオでどれくらいの長さまで振れるのか、自分が振りやすい長さをあらかじめ確認しておきましょう。調子は好みもありますが、私は7：3調子でバットパワーがあるものを選んでいます。これは掛けた魚を出来る限りその立ち位置で取り込みたいという理由からです。源流では大ものが掛かったとき、下られたら付いていけない場所も多く、また大岩や流木などの障害物に潜り込まれないように、ときには強引なやり取りも必要になります。

次に沢での釣り。私の通う秩父の里川には多くの支流があります。その支流に入るときは短いサオをだします。長くて3・3m、一番短いのは2・4m。2・4mのサオは当時の市販品にはなく、しかしどうしても欲しかったのでメーカーに提案して開発に携わり、ようやく製品化されたものです。短さ故に軽くシャープな振り心地は、灌木の生い茂る沢では抜群に使いやすいです。話を戻して、支流の規模や灌木の被り具合、釣れる魚のサイズによって前記の範囲内でサオの長さを決め（調子は操作性のよい7：3）、そして尺ものを止められるバットパワーがあるサオを選びます。どんなに狭い沢でも尺ものが出る可能性はあるのでパワーは重要なポイントです。ラインは手尻いっぱい、ときにはそれ以上短いこともあり、仕掛け全体ではハリスぶんだけサオよりも長いくらいにします。

里川の場合はまず、それほど灌木が被らずある程度開けた川をイメージしてください。魚は今までで一番スレていると考えます。川の規模を考えるとサオは3・3〜3・6mを使うことがほとんどで、源流域との一番の違いは調子とパワーだと思います。調子は6：4でも7：3でもかまわず、パワーも柔らかめで問題なしです。ただ気を付けなければならないのはラインの長さ。短すぎるとアプローチで魚に気づかれてしまうため、長めの設定で臨みたいところです。

以上は私の場合ですが、皆様もいろいろな考えでサオやラインの長さを選び、テンカラを楽しんでもらえればよいと思います。基本的にサオが柔らかければ軽めのライン、硬ければ重めのラインが向いていると思っておけば大丈夫。ラインは太くすれば重く、細くすれば軽く、長くすれば重くなり、短くすれば軽くなります。これらを踏まえてあらかじめ自分のサオ、スタイルに合った設定をして頂ければ、大きく間違うことはないでしょう。

渓流の「もったいない」ポイント

渓流釣りで取材をしていただいていると、私がいつもどおり「ここは」というポイントで魚を掛けて取り込んだとき、「そんなところで」というリアクションをされます。これは、私自身はなんの疑いもなくそこに魚がいるつもりでポイントをねらっていても、見ている側からすると釣れそうもないポイントで釣りをしているということになります。実は、これこそよくいわれるサオ抜けにほかなりません。

サオ抜けの解釈は、大きな範囲ではその渓のある区間や大きなポイントだったりします。遡行が困難だったり辿り着くまでが大変な場所、人が近づけないポイントも一種のサオ抜けといえますが、もっと狭く考えるとサオ抜けポイントは実に多い。要は人がねらわない場所はすべてサオ抜けで、実はそこに魚が付いているポイントは無数にあります。

ここでは4つのキーワードを挙げてみます。

1つめは小さな石。どれくらいかというと漬け物石程度の大きさです。このような石が効果を発揮するのはチャラ瀬や浅瀬。ただし川床がほぼ砂利や500円玉程度の石でできていること。水深は10~20㎝、流速は人が歩く程度の流れ。このようなポイントに前記サイズの石がアクセントのように入っているとする。一見すると魚などいそうもないのですが、こんな小さな石にもヤマメが付いていることがあります。

2つめは脇の流れ。どうしても釣り人は本筋の流れ、流心に目がいきがちですが、このとき枝分かれした流れを見落としてしまう。本流と呼ばれる水量のある釣り場ではなく、小・中規模の渓流でこのサオ抜けができることがよくあります。メインの筋を釣るために脇の流れに立ち位置を取る人が多いのです。これほどもったいないことはありません。

3つめは岸際。目の前にまっすぐ太くて速い流れがあるとします。もちろん盛期のヤマメは、このような押しの強い流れの底石などにも付いています。しかし一方で、岸際の流速がやや遅い筋のほうが魚にとって定位しやすい場合も多いのです。増水時などにも同じような条件になります。したがって、安易に岸際に近づかず、まず一流ししてみると釣果につながることがあります。

最後に浅いポイント。水深が浅いというだけでなぜか皆そこを歩いてしまったり、パスして次のよさそうなポイントに進んでしまう。1つめ、2つめのキーワードもこの「浅い」という条件が重なると、よりサオ抜け率が高くなります。

歩く前にまず、そこに毛バリを一度流してみてほしい。魚は意外と浅いところにもいるものです。

釣り人はどうしても先にメインとなる流れ（点線の枠）のポイントに目がいってしまいがちだ。またそこをねらうために手前のポイントをつぶしてしまうことがある。しかし実線の枠で囲った浅い流れ、本筋の脇にある流れをねらわない手はない

実はこういった目立たないポイントこそ、渓流域では見逃せません。もちろん粘るような場所ではないので、遡行しながらテンポよく探っていきます。その際、浅いポイントは短い距離でアタリが出るので、アワセが遅れないように注意が必要です。

私のテンカラ釣り開眼エピソード

テンカラを振りだしてまだ間もない頃、毎年6月初旬になると長野県秋山郷の魚野川を訪れていた。私のテンカラ釣りはここから始まったと思う。

当時はエサ釣りが中心で、フライやルアーでも渓流へ足を運んでいた。それにテンカラが加わった。一番のきっかけは源流へ行くようになったことだった。エサ釣りで何度か釣行を重ねるうちに、師匠や仲間が振っているテンカラにも興味が湧いてきたのだ。

魚野川は山深く、標高も1000mを超える釣り場。6月の初旬といえば残雪もあり、山菜もまだまだシーズンで山々がようやく新緑に染まる季節。少し気温、水温が低いとイワナは深みや底にべったりで浮いてこない。当然、毛バリよりはエサのほうが釣りやすい。しかし、その逆の場合ももちろんある。気温、水温ともに高いと昼近くになるにつれて浮いているイワナが多く見られ、水面や水中を流れる虫への反応もよくなる。こうなると断然毛バリが面白かった。ゆっくりと何の躊躇《ちゅうちょ》もなく毛バリをくわえるイワナ。勢いよく水中から水面へ突進して毛バリに出るイワナ。水面を引いた毛バリを追いかけてきて飛びつくイワナ。私はこの渓でいろいろなパターンで釣れる経験をした。そして、経験が増える

源流ではエサでもテンカラでも楽しむ二刀流が私のスタイル。そして、
エサ釣りでのポイントの読みが私のテンカラ釣りに大きく活きた

につれてテンカラの魅力に取りつかれていった。

当時、テンカラ開眼のキーになったのはエサ釣りだったと思う。イワナがいるポイントの読みは、エサ釣りで培った経験。その経験が活きて、テンカラを始めた頃でも釣果が得られたのだと思っている。こうして源流釣行の際は、エサでもテンカラでも楽しむという私の二刀流スタイルができあがった。

イワナが釣れるようになると、次のステップに進んだ。自分のホームグラウンドでもある秩父でヤマメを釣るようになった。秩父ではヤマメがメインの対象魚となる河川が多い。エサ釣りをしていると、定位してライズを繰り返すヤマメを見る機会も多い。テンカラを覚えてしまった私は、そうした魚を見るにつけ、いつしかテンカラで釣りたいと思うようになっていた。

ただ、はじめのうちはなかなか思うようにいかなかった。ヤマメのいる場所は分かる。分かっているのだがうまく合わせられない、バラシが多いなどの壁に当たった。そんなときにふと、山梨県小菅川のキャッチ&リリース区間にルアーで釣行した日のことを思い出した。その日、小菅村漁協の組合員の方がテンカラを振っていた。私は挨拶をして少しお話をしながら釣りを見せてもらった。その方は早瀬の同じ場所を毛バリで数回打ってから流すという釣りをしていた。ハリスを水面には着けず、まるで虫が水面を跳ねているような感じだ。そしてラインには余分なたるみがなかった。私はその方にテンカラで瀬を釣るときのイメージを教えてもらい、自分で試していくうちにだんだん釣果が上がってきた。ヤマメの早い動きに合わせるにはラインの動きに無駄があってはならないということだった。そのためにラインをうまく操作するには、サオの動きにも無駄があってはならないということにつながった。

まだまだ釣りで満足することはない、今でもああすれば、こうすればと思うことはもちろん多い。ただ、始めた頃に比べれば私にも釣れる魚は増えている。またこれからも思い出に残るような魚、ヒットシーン、やり取りを増やしていきたい。

Ⅳ

本流テンカラ大ヤマメ釣りの世界

小林和則

テンカラ釣り歴約 30 年。群馬県利根川本流をホームグラウンドに、大ヤマメをねらうテンカラ釣りを確立。自己レコードは 52cm の戻りヤマメ。ＤＶＤ『本流尺上テンカラ（つり人社）では、毛バリを積極的に動かして大ヤマメを掛ける一部始終を実演している。

本流大ものねらいの醍醐味

テンカラ釣りを始めて私は約30年になります。源流から里川まで、解禁からヤマメ・イワナを追い求め、約15年前からは5月末以降の群馬県利根川本流でも大ヤマメとの出会いを求めてテンカラを振っています。

当時の利根川では本流ザオによるエサ釣り（本流ヤマメ釣り）が全盛でした。そんななかでテンカラザオを振り始めたものですから、「あれは何をやっているんだ?」という目で見られたものです。テンカラをする人たちの間でさえ、本流で大ものをねらって釣るという意識はほとんどなかったと思います。しかし私は、本流でもテンカラは通用するはずだと信じていました。

源流や里川のテンカラも面白いのですが、本流はまた格別でいまだに飽きることがありません。ではその魅力とはなんでしょう?　ずばり、広大な流れに立ち込み長いサオとラインを駆使し、源流や里川では見ることのない幅広、筋肉質な本流ヤマメとの出会いです。尺を超えるヤマメがひとたびヒットするとサオは元からひん曲がり、ときには40㎝を超える大ものとの出会いのチャンスもあります。取り込むまで、サオが折れはしないか、ハリ

本流での尺を超すヤマメとのやり取りは従来のテンカラとは異次元の世界

スはもつのか、はたまた最後の瞬間にバレたりしないか、はらはらドキドキの連続です。そんな心臓に悪い？　心境で無事取り込めた本流ヤマメには、何か別次元の感動があるかもしれません。

ご存じの方も多いと思いますが、私のホームグラウンドである利根川は6つのダムにより水量が絶えず変化しています。おかげで今でもインターネットを利用して水量をチェックするのが日課です。その意味では利根川という川は、本流という環境に加えて、人為的な水量の増減が釣果を大きく左右する特殊な釣り場といえるのかもしれません。

最初は魚の付き場が分からず、ねらう時期やタックルはどんな物がよいのかなどもすべて手探りでした。思うように結果が出なくて本流テンカラをやめようと思ったこともあります。それでも毎年の試行錯誤の末に、尺ヤマメとの感動的な出会いをかなえることができるようになりました。そして12年目に52㎝の戻りヤマメを手にしたときは感動のあまり、河原で万歳三唱をしたほどです。

利根川に限らず、本流テンカラの可能性を秘めた河川は全国に多数存在すると思います。いざ始めてみれば、今まであなたが通っていた渓流よりも釣果が落ちたり、最初は魚の付き場すら分からないかもしれませんが、そんな苦労の末に巡り合えた本流ヤマメは今までの経験からは想像もつかない感動をもたらしてくれるはず。必ずやあなたのテンカラ釣り人生の中で、思い出の1ページとして記憶に残ることは間違いありません。そしてきっと虜《とりこ》になることでしょう。

本流テンカラは、特別なテンカラ釣りではないはずです。また、時間をかけて山間部まで行かなくても身近なところにフィールドがあるので、人によっては仕事前の早朝や、仕事帰りの夕マヅメに楽しむことも可能です。そして大ヤマメと出会ったときの感動は大きい。かくいう私も、いまだに本流テンカラの挑戦者として毎年広大な流れと向き合っています。

両手で支えるサイズの本流ヤマメのファイトは釣り人を圧倒し、魅了する

水面に石でも投げ込んだような飛沫が上がる。本流ヤマメとの息詰まる駆け引き

ポイントの規模、アユ釣りとの共通点

ひとくちに本流といっても、ポイントの捉え方は人によってさまざまでしょう。たとえばテンカラをする人の多くが、川の上流部や支流筋に通っているとします。その川の本流でテンカラをすれば、それは本流テンカラになるかもしれません。もちろん私も本流テンカラ＝利根川本流だけとは決めつけていません。私の住んでいる土地の近くでいえば、吾妻川や烏川、片品川など、利根川本流の規模を若干狭くした感じの各支流でも本流テンカラの醍醐味を味わえます。魚も沢のサイズより格段によいものが反応してくれます。そしてこの規模でもサオやラインの長さ等、タックルは必然的に変化します。

源流や里川の川幅はおおむね10m以下です。流れの筋は1本から多くて3本程度でしょう。そしてテンカラでは、くるぶしからひざ程度の水深で1m四方くらいの段々瀬や落ち込み、浅い平瀬が連続する中でそこだけ小深くなっている場所などが最適なポイントとされています。そんなロケーションも大好きです。

一方本流の広い流れには、頭上のボサや周辺の障害物を気にせずサオを振れる開放感があります。根掛かりを除けば毛バリで魚以外のものを釣ることはほとんどありません。中

圧倒的なスケールと開放感の本流フィールド。この広大な流れの中でヤマメに出会うのは、何か宝探しにも似た楽しさがある

下流部がフィールドなので水深もあり、石の大きさ、流れの筋の多さも沢とは全く違います。それでも本流テンカラのポイントは、基本的には源流・里川のポイントを大きくしたものと考えてください。このような場所はアユの生息域とも重なり、全国的にも本流テンカラに向くのはアユ釣りの盛んな河川が多いです。またアユ釣りが解禁になる頃が、本流テンカラのベストシーズンに当てはまるように感じます。

私は本流テンカラが一段落する7月中旬から9月中旬までアユ釣りをします。早朝はテンカラ、日中は同じ川でアユ釣り、夕方からふたたびテンカラを日没まですることもあります。テンカラをしながらアユの食《は》み跡や付き場も観察しています。異なる2つの釣りをすることでポイントを観察できる相乗効果が得られるわけです。

アユ釣りの中でも本流ヤマメとの共通点があります。追い気のある大アユのポイントは、だいたい水深が70～120㎝でスポット的に深くなっている場所です。そこは水通しがよく大きな沈み石があり良質のコケが付きやすく、アユにとっては絶好のエサ場となります。大アユはそんな沈み石の前に陣取っていたりします。

本流ヤマメにとってそのような場所は、身を隠しやすく楽に定位でき、川虫がよく流下するという点で同じように1級のエサ場となります。居着き、戻り、成魚放流、どんなヤマメでも良型は沈み石の前で掛かる実積が圧倒的に高く、アユのようにナワバリを持っているように感じます。そして水面付近のものにまで反応するのです。

そのようなポイントに毛バリを流し、誘いを掛けると、大ヤマメは侵入者がきたと感じて毛バリに反応するのかもしれません。

アユ釣りでは県外釣行が多い私は、こうした場所を見つけると「ここはよいヤマメも付いているんじゃないかな？」と思ったりして、それが翌年テンカラザオを持参してそのポイントで釣ることにもつながります。そして感動的な出会いを願うのです。

水量と水勢は「習うより慣れろ」、流し方は釣り下りが基本

源流や里川より3～5倍もの圧倒的な水量がある本流域。そんな本流を目の当たりにして多くの中級テンカラフリークは、「ここはテンカラをやるところではないな」と思うのかもしれません。いつも通っている釣り場は上流部ですから無理もありません。しかし、なんとももったいない話です。あなたが本流でエサ釣りやルアーマンを眺めているときにタイミングよく幅広の尺ヤマメがヒットし、間近でその魚体を見たとします。「ああ、オレもこんな魚をヒットしたい」と思いませんか？　いや、思うべきです。

しかしそんなに都合よく、自分のホームグラウンドでは出会えない本流ヤマメを実際に見る機会があるわけもありません。そこで私からの提案です。自分のホームグラウンド以外で釣りをしている（エサ釣り、ルアー、フライなんでもよいです）釣り人との交流を図ったり、インターネット等を利用して川の釣果情報を入手することをおススメします。そうすることで自身のテンカラの視野が広がり、「こんなヤマメがいるんだ」と思うかもしれません。そうなったらしめたものです。本流でテンカラをやるとしたら今使っているタックルでよいのか？　少し工夫すれば自分にもまだ釣ったことがない素晴らしい魚との出

本流テンカラ釣りでは
釣り下りが基本になる

会いがあるのではないか……などと自問自答を始めることでしょう。そこが本流テンカラに目覚めるきっかけとなるはずです。

本題からだいぶそれてしまいました。渓流釣りは釣り上がり（アップ）でアプローチするのが基本です。魚は上流を向いて（流れに頭を向けて）泳ぐため、下から上に探ったほうが警戒心を与えにくい。キャストの時点で逃げられてしまえば釣り人の負けです。私も源流や里川では釣り上がりのアプローチで、魚の付き場をよく確認してからポイントに毛バリを打つように心掛けています。常に「あそこに毛バリを打てば魚が反応してくれるのではないかな？」という魚目線のアプローチです。

本流では逆に釣り下りがメインになります。水量が多く、川を渡ることのできる場所も限られる場合が多い本流では、源流や里川でよくある先行者争いも気にならず、ほとんど問題になりません。川の中を渡ってしまえばダメですが、それ以外はスケールが大きいので魚に人の気配を察知されにくいことから、釣り下るスタイルがよく体力的にも楽です。時間帯は夕マヅメがメインなのでその時合に合わせるべく、疲れたなと感じたら適宜昼寝をしたり休憩を取りましょう。

また、これは私の経験した過去の一コマですが、ポイントをねらう1つの方法として、気の合う仲間がいれば2人で同じポイントに毛バリを打ってみてください。どういう意味かというと、1人がポイントに毛バリを打ち、魚の反応がなかったとします。その後に仲間が同じポイントをねらうと魚が反応した。本流テンカラではよくあることですが、これは一体なんなんだ？　と思われるかもしれません。要は最初に毛バリを打った人が、「捨てバリ」をしたと考えてください。そこで水面下で魚がイライラしたり、「今のはなんだ

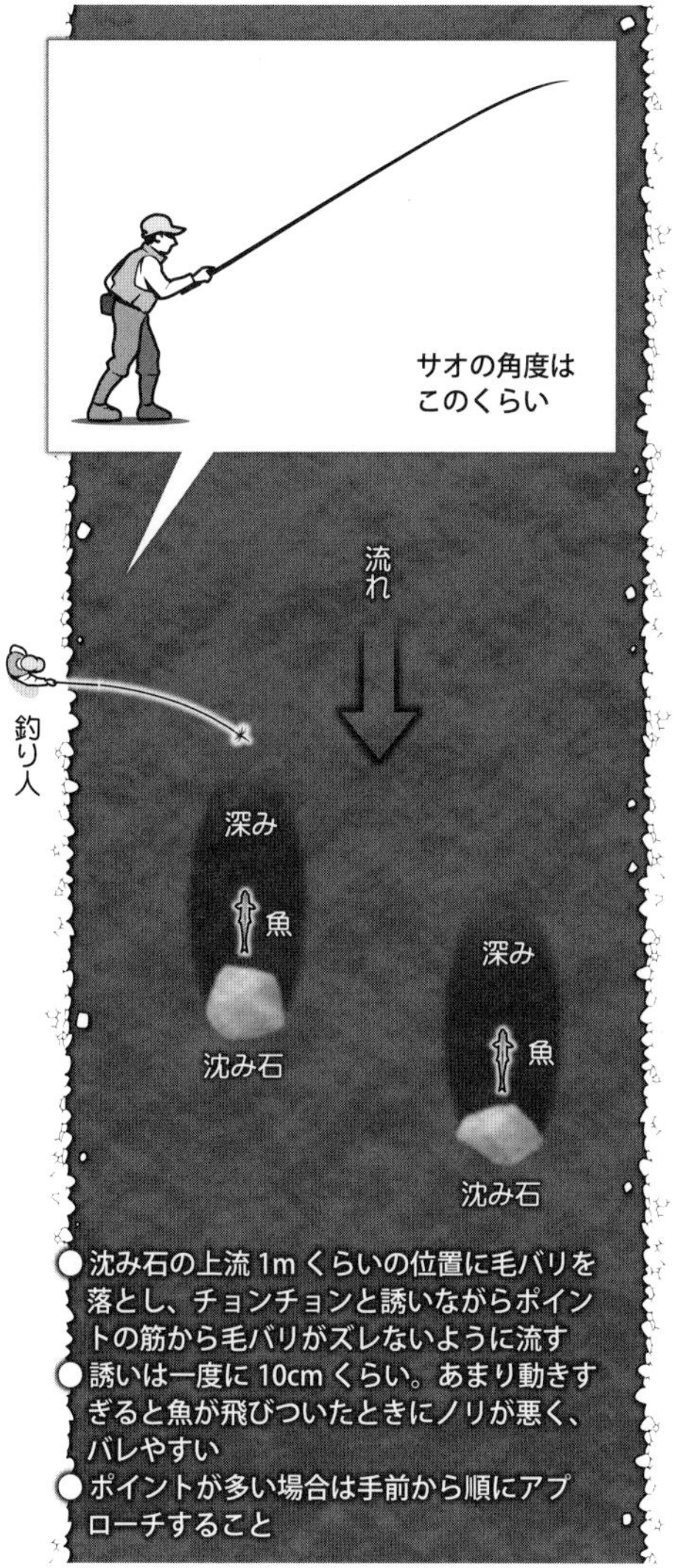

●沈み石の上流1mくらいの位置に毛バリを落とし、チョンチョンと誘いながらポイントの筋から毛バリがズレないように流す
●誘いは一度に10cmくらい。あまり動きすぎると魚が飛びついたときにノリが悪く、バレやすい
●ポイントが多い場合は手前から順にアプローチすること

ったんだ!?」と気になっているところに（本当のところどうなのかは魚にしか分かりませんが）、次の毛バリが流れてきて反応するパターンです。本流は水量が多いので、仲間同士で釣っていると、万が一流されても大事に至らずにすむこともあります。また1人で釣っていても、同じポイントをひと流しして時間を1時間くらい空けて再度毛バリを流すと、今度は反応が出たということがかなりの確率で起こります。これは魚の時合によるものでしょう。つまり本流の場合でも、常に魚目線のアプローチです。

「習うより慣れろ」という格言がありますが、私はアユ釣りをしていたおかげで水量と水勢に抵抗はありませんでした。アユ釣りや本流でエサ釣りの経験がある人なら、本流テンカラにさほど違和感はないと思います。

源流や里川オンリーのテンカラの方は、まず本流という場所の環境に慣れてください。シーズン中に釣りをするだけではなく、禁漁期間中に川歩きをして「本流ヤマメのポイントはあそこかな?」とイメージトレーニングしたり、本流を利用した「冬期ニジマス釣り場」などで大型のニジマス（30～60㎝）をロングロッド・ロングラインで相手にするのもよいでしょう。キャスティングの練習にもなるうえに、魚を掛けて大型の魚体に慣れておけば、いざシーズン中に大ヤマメをヒットさせてもさほどあわてずにすむでしょう。そのような経験の積み重ねも本流テンカラのよい下準備となるはずです。

魚の平均サイズは川の規模とタイミング、エサの量で決まってくる

テンカラはときどき他の釣りの方から「小ヤマメ、小イワナの数釣り」と思われている節がありますが、私はそんなことはないと思っています。

初夏以降は特に当歳魚の小さなヤマメが我が物顔で毛バリに出るようになり、大型はよほど川の状態や天候水温等のタイミングが合わなければ反応してくれなくなります。数を掛けること自体は楽しく、それで満足する人の気持ちも分かります。苦労して巻いた毛バリに魚が反応してくれればなおさらです。でも、私はそんなときでも良型に出会いたい。そこでどうするかです。

私は源流や里川のテンカラも大好きです。時間で計算すると本流よりもそちらで釣りをしているほうが長いのですが、そこでも大きな魚にねらいを絞り、1シーズンに何尾かは尺ヤマメ、尺イワナとの出会いがあります。また、私がときどき行く利根川の矢木沢ダムに流入する奈良沢、コツナギ沢、小穂口沢、そしてダム上の利根川本流にはダム差しの大ものが遡上します。尺イワナもコンスタントに顔を見せ、過去にテンカラで47㎝の実績もあります。エサではサクラマスの47㎝を釣った人もいます。それらはほとんどがダムから

遡上したと思しき個体です。

里川では一般的にヤマメが主体で、山間部に近いとイワナとの混生になるところが多く、いずれもサイズは9寸あれば大ものといえます。ただし里川でも本流の支流には、雪代や雨の増水等のタイミングで本流から大ヤマメが差してきて思わぬ釣果に恵まれることもあります。またエサが豊富な場合にも本流から差す個体がいると考えられます。私がよく通う利根川の支流・片品川下流部はクロカワムシを主体としたエサの生息量が多く、利根川本流育ちの個体がそれらを捕食するために入ってくるようです。そして、このようにエサが豊富な河川が流入する下流部の本流では魚のサイズが格段にアップします。8寸くらいがアベレージで尺オーバーも珍しくありません。

稚魚、成魚を問わず支流筋に放流された魚の一部が本流に落ちたり移動して大型化する場合もあります。これは渓流相よりも本流のほうにエサが豊富なためです。冬期釣り場などの設定がある川では、放流されて釣れ残った30〜50㎝のニジマスが春以降にヒットすることもあります。この頃になると放流魚のヒレも延びて野生に戻り、ジャンプを繰り返し、取り込みまではらはら・ドキドキの連続で楽しませてくれます。

ちなみに、本流の尺上ヤマメの出方を小型のそれと比較すると、ゆっくりと毛バリに食いつくことが多いです。魚体が大きいぶん遅くなる傾向があるようですが、私の場合、沢

源流の尺上イワナ。中下流域の本流ヤマメだけがテンカラでねらえる大ものではない

でも本流でも「今、毛バリを食ったな」と確認してから合わせるので、サオが長い本流テンカラだからといってアワセに対する違和感はありません。

ただし魚を掛けてからのやり取りは、沢と本流では少し勝手が違います。本流ヤマメを掛けてみればその暴れ方に驚くはずです。バーブレスフックはバラシの可能性が高くなるので、できれば避けたほうがよいでしょう。激しいローリングを繰り返すファイト中はラインをたるませないようにサオのテンションを保つことがキモです。最後の最後まで抵抗を繰り返すことが多く、まさに魚との格闘です。無事にタモに取り込めれば釣り人に、バラせば魚に軍配が上がる。そんな本流テンカラのドラマが待っていますよ。

クロカワムシの羽化時は最大のチャンス

源流では本流や里川に比べてエサとなる水生昆虫が少なく、渓魚（主にイワナ）は昆虫やカエル、ときには小鳥やヘビまで捕食します。生きていくためにはなんでも食べなければならないのです。そんな環境と魚の習性に対して、釣り人側も少ないエサを採取する手間が省略できる点が重なり、源流ではテンカラがねらいやすいのだと思います。

里川になると源流部よりは川虫の量も増加します。またそれらがハッチ（羽化）した後は、魚たちは岸際に生えるヨシなどから落水したバッタなどの陸生昆虫を主に捕食するようになります。さらに本流では、特にクロカワムシやキンパク、マゴタロウムシなど大型水生昆虫のエサが豊富です。本流ヤマメは大型になるほどエサの流下量が多い水通しのよい位置に定位する傾向があり、これは口を開けていればエサが飛び込んでくるような環境です。川虫の流下量の多い少ないでその場所に定位するヤマメのサイズが決まるといっても過言ではありません。

フライフィッシングをしている人がよくやっていることですが、実際に魚の胃袋の内容物を調べるとどんなエサを捕食しているかがよく分かります。6月初旬の本流ヤマメは、

本流ヤマメの主要なエサ、クロカワムシ

胃袋がクロカワムシでいっぱいです。釣りあげてタモ入れした瞬間、ハリ掛かりした反動からかクロカワムシを吐き出す魚もいるほどです。つまり、普段は水面までわざわざ行く必要がないほど水中にエサが豊富なのです。エサ釣りでクロカワムシをエサにする人はよく知っていますが、場所によっては川床がクロカワムシだらけということがあるほどで、表層を主にねらうテンカラで本流が釣りにくいと敬遠される理由は、そのあたりにもあるのかもしれません。

しかし、どんな川虫でも自分の子孫を残すために必ずハッチします。そのときが本流テンカラにとって最大のチ

豊富なエサと強い流れに育まれた筋骨隆々の魚体

ャンス到来。ハッチはおおよそ初夏までの2週間くらいで、当たればライズする本流ヤマメを見ることが出来るでしょう。とはいえ1年の間ではわずかな日数です。その後の本流は川虫の流下量が激減してしまいますが、ハッチした水生昆虫を捕食した経験のある本流ヤマメは、ライズの有無とは関係なしに条件次第では毛バリに反応してくれます。

夏になると本流の水温も上昇してきます。20℃を超えると川の中ではアユの動きが活発になってきますが、逆に本流ヤマメは水温上昇が苦手です。人間でいえば熱中症気味になるのでしょうか？　また、時期的には子孫を残すための産卵の準備が始まり、少しでも水温の低い湧水のある場所や、ダムの放水路付近に魚は移動する傾向があるようです。

本流テンカラによい時間帯と状況

本流にただやみくも行っても、広大な流れからいきなり釣果を得るのは難しいでしょう。本流テンカラでは時間帯が非常に重要な要素となります。ズバリ、クロカワムシなどのトビケラを中心とした水生昆虫類が羽化する夕方が圧倒的に有利です。もちろん早朝でもそれらの羽化や昨晩からの流下があれば当然よい条件であることはいうまでもありません。また、水温が上昇してしまうと夕方は本流ヤマメの反応がイマイチになり、比較的水温の低い早朝によい釣りができることもあります。ちなみに、晴天で日が完全に上りきった時間帯は後記する曇天・雨天日を除くとほとんど釣りになりません。

本流ヤメメの多くが主食にしていると思われるクロカワムシはボリュームのあるエサで、一度に大量羽化（スーパーハッチ）することがあります。したがって当然ヤマメたちはクロカワムシの動きに敏感になっているはずです。私たち釣り人も負けずに敏感にならないといけません。

関東では、クロカワムシは雪代が流入しない河川では4月中旬、利根川中流部（阪東漁協管内）では5月下旬からハッチが始まります。期間はおおよそ2週間程度と思われます。

ハッチの時間帯は前記したとおり夕方が中心です。今まで口を開けて待ってさえいれば捕食できたエサが水面付近に浮上してしまうので、本流ヤマメも捕食のために動かなければなりません。人間にたとえるなら余計な仕事が増えるようなものですが、この習性を利用するのが本流テンカラの真骨頂です。

本流の魚は午後5時くらいから活性が上がります。ライズが確認できればなおよいでしょう。ねらいをつけたポイントで日没まで釣りまくります。また、クロカワムシの成虫は遡上飛行する生態をもっているので、下流域ほど早い時間帯にチャンスが訪れる可能性があるといえるかもしれません。

夕方に仕事が終わる方はラッキーです。本流域は都市部に比較的近い場所を流れているので、そのまま直行しましょう。クロカワムシ（ほかには一部のカワゲラも）のスーパーハッチは年に数回しかありませんが、そんな日に当たると本流ヤマメは水面付近のエサに集中して反応するようになります。それがどれだけすごいかというと、私は過去に、一日の夕方だけで幅広の本流尺ヤマメを5尾ほど掛けたこともあります。こんな経験をすると間違いなく本流テンカラの「病人」になります。もし出会えたら、とことん魚とのやり取りを楽しみましょう。

タマヅメの釣りで1つ注意点があります。それは小型のライトを必ず携行することです。

日が傾いて足元が暗くなってくると、石につまずいたりする危険性が高くなります。ケガをしてしまっては楽しい釣りが台無しです。かくいう私も、転んで足を捻挫《ねんざ》し、半年間も痛い思いをしたことがあります。

夕方の短い時間帯だけでは物足りない、一日を通して本流テンカラをエンジョイしたいという方は、梅雨時の増水しない程度の雨日和がねらいめです。これは、光量が少ないため日中でも朝夕マヅメと同じような状況が出現するからです。さらにわずかな増水によってエサとなる流下物も増える。こんな日は、一日を通して本流ヤマメが水面付近に反応してくれるので仕事なんかしていられません。偽りの法事を作り即、川に直行です（冗談です）。それほど面白い釣りができるのですが……こちらもやはりチャンスは年に数日しかないかもしれません。

逆さ毛バリで誘いを掛ける

本流テンカラにマッチした毛バリといえば、やはり逆さ毛バリでしょう。クロカワムシの羽化時のアクションを演出することができ、私はエサ釣りで使用する渓流タイプの8号のハリを多用して巻きます（フライフックの#10くらい）。ハックルは雌雉のネックの羽、ボディーはフライマテリアルのボディーファー。雌雉のネックの羽が入手困難な方はフライ用に市販されているパートリッジ（ウズラ）の羽で代用してもかまいません。

逆さ毛バリに抵抗がある方は（私も最初はそうでした）、まずは今あなたが使用している毛バリで誘いを掛けて流してみてください。本流テンカラではナチュラルドリフトで流してもあまり意味がなく、魚は毛バリにほとんど反応しません。ポイントと思われる場所の1mほど上流に打ち込み、魚の目の前で誘いを掛けてアピールするのが効果的です。

逆さ毛バリを初めて使ったとき、私は「こんなもんで本当にヤマメが出るんだんべぇか？」と思いましたが、釣り下りで誘いを掛けることに慣れてくると、毛バリに反応する魚が飛躍的に増えました。それでも結果が出るまでには、自分の経験からいうと2～3年かかる気がします。私の場合は周りに教えてくれる人がいなかったので無理もなかったの

胴に違いをもたせた逆さ毛バリのバリエーション

ですが、あきらめないことがキモです。

ハリのサイズは、はっきりいって小さなもの（#12以下）は必要ありません。本流ヤマメに対しては目立つことが必要です。ただし、ライズを繰り返す魚の中には#16くらいの比較的小さめの毛バリにしか見向きもしないことがあります。こんなチャンスを逃す手はないので、私は小さめの毛バリも2個くらいは用意していざというときに使用しています。また、どうしても水面付近で反応が出ない場合は、ビーズヘッドを噛《か》ませたウエットタイプの毛バリを使用することもあります。

　警戒心の強い支流筋のヤマメは誘いを掛けると逆効果になることがあり、そのギャップに悩んだこともありました。一方、本流ヤマメは繰り返し誘いを掛けて流れを切っても反応する魚が多いと感じています。これは食い気で飛びつくよりも威嚇《いかく》、ルアーフィッシングでいうところのリアクションバイトで逆さ毛バリに反応しているのかもしれません。バスフィッシングのトップウオーターフィッシングにも近いものがあります。

逆さ毛バリに水面ルアー的な効果があることは確かです。サオを小刻みに上下することで、毛バリの羽が閉じたり開いたりします。手前に強く引きすぎるのはダメです。手首でスーッと引っ張り、ほんの一瞬止めるような感覚で誘いを掛けましょう。このアクションで、水面をジャンプしながらくわえてきたヤマメが多くいます。スリル満点のトップウオーターゲームと考えてください。目の前で尺ヤマメが飛び出すシーンを想像してみてください。びっくりして思わずサオを放してしまいそうになったり、興奮のあまり大声を上げたり、心臓が口から出そうになったり、きっと想像以上の興奮が待っていると思います。

逆さ毛バリで誘いを掛けるとクロカワムシの羽化時そっくりの動きを演出できる

ダム河川は水量と水温の変化がシーズンの鍵を握る

多くの河川は標高のある山を水源にもち、水量が多くなるほど上流部には洪水調整・農業用水・発電等を目的とした多目的ダムが存在する傾向にあります。本流筋ではこうしたダムからの冷水放流により、下流部の一定区間がヤマメの生息に絶好の条件を備えるようになりました。ただし、ダム河川の注意点として突然のダム放水があることを頭に入れておいてください。合図のサイレンが鳴ればよいのですが、急に流れに変化を感じたり、ゴミが目につくようになったらダム放水が始まった印です。危険なのでサイレンが聞こえていなくてもすぐに川から上がってください。

本流筋に大きなダムがある場合、放水量によって本流テンカラにかなり影響があります。利根川を例に挙げると、みなかみ町にある藤原ダムの放水量が毎秒100トンのときは全く釣りになりません。水温も雪代混じりで8℃あたりがやっとです。これが6月くらいになると放水量が約1／4（25トン）になり、水温も13℃ほどまで上昇して、その頃が一番よいのです。5月の連休を過ぎると私は毎日インターネットでダム放水量をチェックするのが日課です。あとは直接川まで水量や濁り具合、川の周辺の雰囲気を見に行きます。そして「クロカワムシのハッチが始まったな」とか、「練習を兼ねてサオを振ってみるかな」といった具合で本流テンカラのシーズンインとなります。

流程のある比較的規模の大きな河川には、よほど山奥でない限り国土交通省のライブカメラが設置され、インターネットで水量や濁りまで分かるので積極的に活用しましょう。支流筋の河川の場合はダムの規模にもよりますが、本流ほど水量がないので比較的影響は少なくなります。またダムの有無にかかわらず水量が大きく上下しない河川であれば、本流テンカラのシーズンインは関東地方では5月連休頃からと思われます。そのきっかけはクロカワムシのハッチです。

支流筋では雪代が一段落し、あるいは田んぼの引き水で水量が極端に減少すると魚がスレてテンカラでも厳しい状況になります。それを見極め、タイミングで本流テンカラにシフトしましょう。そうするとテンカラで楽しめるフィールドの幅が広がります。

本流テンカラは全国的に見ても梅雨明けまでがベストシーズンです。その後は水温が上昇してしまいかなり厳しくなります。そんな時期は本流テンカラにこだわらず、水温の低い源流や支流筋でエンジョイすればよいでしょう。特に、源流には通常のテンカラではラインが届かない大場所で大型のイワナが泳いでいたりします。そんなポイントの攻略にも本流テンカラのノウハウが役に立つことでしょう。

対岸に「突然の流水に注意」の看板がある放水口。ダムのあるフィールドは降水がなくても常に水位の変化には注意を払う必要がある

本流テンカラがふたたびベストな状態になるのは禁漁を控えた8月下旬～9月上旬です。この頃になると水温が盛期に近いくらいまで下がり、川虫のハッチも若干始まるのでねらいめです。

本流テンカラをキノコ採りでたとえると……

私は毎年9月10日過ぎから11月中旬までキノコ採りをします。特にマイタケが大好きです。ご存じの方も多いと思いますが、キノコ採りをする人なら一度は採ってみたい憧れのキノコで、見つけたときに思わず舞い踊ってしまうほどうれしいことから名前が付いたと聞いています。しかも生える場所は息子にも教えないという言い伝えまであります。

それが本流テンカラとどんな関係があるのかといいますと、山は沢筋、中段、尾根、鞍部、岩場、ガレ場、頂上と変化に富んでいます。それらをここでは本流の川の筋に置き換えて考えてみましょう。

マイタケ採りは、今年どこの筋に出たかで来年はどの筋がよいか、ある程度予想がつきます。その筋までは当然歩きです。山の急斜面伝いにたどり着くまで30分ほどかかることもあれば、沢の真横で労せずに採れることもあります。本流テンカラでもねらいのポイントを攻略するためには流れを渡ったり、ときには強い流れに立ち込まなければなりません。逆に岸から楽にサオをだせることもあります。また源流や里川には流れの筋が少ない一方で、本流には無数ともいえる筋があります。手前の筋、真ん中の筋、対岸に近い筋……さまざまな筋がある中で、魚をマイタケに例えて「どの筋が一番よいだろう?」と探り当てる楽しみもあります。

マイタケには数年に一度、当たり年があります。一度に採れるのは一株1kgくらいからまちまちで、5kgクラスは数年に一度くらいしか採れません。しかも、せっかく出会えてもタイミングが1週間遅いと傷んでいます。そんなマイタケを目の当たりにしてがっかりしたことが過去にありました。

本流でも尺オーバーのヤマメがいとも簡単に釣れる当たり年があります。そうかと思えば、釣行のタイミング（川の自然な増水、ダム放水等）が悪く、尺ヤマメの顔を拝むのに一苦労する外れ年もあります。一昨年（2015）、私は50㎝クラスを取り込み寸前にハリが外れ、痛恨のバラシで2日くらい眠れない悔しさを経験しました。これはまさしく5kgクラスの傷んだマイタケを目の当たりにしたときの感覚によく似ていました。

マイタケと本流ヤマメに共通する、「採る場所・釣る場所」「採る時期・釣る時期」「当たり年・外れ年」。つまり、好期を逃さず好場所に辿り着くことが重要というお話でした。

タックルは4・5～5mザオに7～12mライン＋ハリス2mが標準

本流テンカラで一番のキモは、魚のいる位置まで毛バリをいかに届け、アピールできるかに尽きると思います。源流や里川でテンカラを楽しんでいる方は、ほとんどの場合サオは3・6m前後、ラインはテーパーかレベルラインの4m前後、ハリスはナイロンかフロロの0・8号1m前後を使用しているのではないでしょうか。私も同じシチュエーションでは似たようなタックルでポイントにアプローチして釣りを楽しんでいます。

テンカラはどのようなシュチュエーションにおいても釣り人がいかに魚に対して仕掛けていけるかがカギであると私は考えます。そのため本流では川の規模に合わせて、そして毛バリをゆっくり流すためにラインを長くする必要性があります。

サオは、最初は手持ちのもの（3・6m前後）でもかまいません。慣れれば10mのラインも振れます。調子は自分で「これだ」と思えばなんでもよいです。ただ、欲をいえばサオは4m以上あったほうがよいです（ラインだけでも長くすることをお勧めします）。

ラインの種類は、十人十色といわれるテンカラ釣りなので振り込みやすいものが一番です。私の場合、最初はA社から本流テンカラ用に発売された7mまでのテーパーライン、現在はS社から7mまでのテーパーラインが市販されており、これらが今まで使った中では扱いやすいラインです。自分に合うようにラインを改造するなど、あれこれ工夫するのもよいでしょう。釣りはしょせん遊びなのでそのような過程も楽しいものです。ラインの全長はハリスの長さを足せば9～10mを超えるかもしれません。最初は誰でも扱いにくいと感じますが、手にラインを持つときは、大きな輪を作るようにして持つことで絡みを極力回避できます。

私の本流テンカラの標準タックルは、サオは4・5mか5m、ラインはテーパーライン7～12m、ハリスは1・2～1・5号を2m取っています。サオは長いほうが大ヤマメの強い引きに負けないパワーがあり、圧倒的に有利です。大型が掛かれば腕だけの力でなく、身体全体で魚のパワーを受け止めるように心掛けています。取り込みは最終的にラインをつかみ魚をタモで受けるので、ラインブレイクを極力回避するためにハリスは太めで設定してあります。

振り込み（キャスティング）のコツはまず、前後でポーズを取ることを心がけるのがキモです。最初は難しいので、練習を積むことで慣れます。あきめないことが大事です。また周囲に障害物がない本流では、支流筋の上流や沢での釣りのように前傾姿勢でサオを振るのはマイナスです。ロングラインが上手く飛ばず、ポイントへの着水も不自然な感じになります。ここは本流に立ち向かうという意味合いも含めて背筋をピンと張り、腕はやや高めに、前後に振り上げ・振り下ろすイメージでのキャストを心掛けてください。

どの釣りでもそうですが、サオは長くなればなるほど重くなります。ましてやテンカラは振り込み回数の多い釣りです。よく、「重いテンカラザオを振ってよく腱鞘炎《けんしょう》を起こさないね」といわれます。これにはわけがあります。テンカラでは多くの方がサオを振るとき、人差指を立てて握っています。これでは5mのサオを振るとすぐに疲れてしまいます。「こんなの、もうやめた」ということになりかねません。私は親指の力を利用するグリップで振り込んでいます。こうすると疲労がかなり軽減され、楽に振ることができます。ときには両手でサオを振るのもありです。ぜひ試してみてください。

また、今まで使用していた3・6m前後のサオから4・0m以上のサオを振るようになると、サオが長いぶんロングラインには有利になりますが、腕やサオがブレる感覚が出るかもしれません。腕への負担が増加して疲労感も増すでしょう。そんな状態で本流テンカラを続けても気が散ってよい釣りはできません。「ちょっとくたびれたな」と感じたら河原の石にでも腰掛けて川を見ながら休憩してください。そして疲れが取れたら釣りを再開して本流テンカラをエンジョイしてください。実は、こんな些細《ささい》な積み重ねが尺上ヤマメに出会える近道なのかもしれません。

長いサオに長いラインを操り、逆さ毛バリを流れの中で踊らせると突然本流ヤマメが毛バリに襲いかかります。「ラインが長すぎて毛バリの位置が分からないんじゃないの？」と思われがちですが、誘いを掛けているので位置を確認しながら釣ることにもなり、毛バリの位置が分からないということはまずありません。

グリップは人差し指を上に置くのではなく、親指の力を上手に使うことで疲れを軽減できる

装備について

テンカラはよく十人十色とよくいわれます。支度も人それぞれです。源流では極力荷物を少なくするためにベストを着用せず、ライン・毛バリ・ハリス・小物等はシャツのポケットやショルダーバッグ、ウエストポーチ等に収納し、足回りはスパッツ&沢登りシューズにします。里川では渓流用ベストとフィッシングキャップを着用し、フライやルアーで愛用する人が多い防水透湿性素材のライトウエーダー・スタイルの人が多いでしょう。私もさまざまな組み合わせを試してきたつもりです。

さて、本流ではまず圧倒的な水量に慣れる必要があります。一番注意しなければならないのは前記のライトウエーダーです。川の中で転倒すると内部に水が大量に入りやすく、そのまま流されれば死に直結です。ライトウエーダーは蒸し暑い季節や歩く釣りでは快適ですが、充分に気をつけなければなりません。しかしどうしてもそれしかない、あるいはお気に入りの方もいるでしょう。その場合は必ずウエーダーベルトを着用して、転んだときに水が入らないように工夫してください。ベルトが救命アイテムになるはずです。

私は、かなり高価になりますがネオプレーンタイプのウエーダーかドライアンダーまた

本流テンカラ釣りに適した装備はフィールドが重なるアユ釣りと共通点が多い

はアユタイツ（3㎜）を着用します。利点は水が中に入りにくい、足が冷えない、足全体がガードされ少しくらい岩や障害物に当たってもケガを防ぐことができ、水中抵抗が少なく疲労も軽減されます。さらに立ち込み主体や流されてもよい場合は上半身にネオプレーンのジャケットなどアユ用の上着を着用することもあります。

ベストは渓流・アユ共用の製品を使用し、テンカラとアユでポケットの中身を入れ替えます。ラインを数種類、ハリス、毛バリを収納します。シャツはアユ用のジップシャツが汗をかいても快適で見た目のセンスもアップします。ただ少し高価（1万円前後）なのが難点です。その上に防寒対策を兼ねてショートレインギアを着ています。本流テンカラでは雨降りが有利なことはいうまでもなく、それ以前にレインギアは必需品で防水透湿性素材がベストです。釣り人としての品格⁉も格段にアップします。釣りは遊びですから、機能的でファッショナブルなほうがよいと思います。

水面、水中の変化を瞬時に読み取る必要のあるテンカラでは偏光グラスなしの釣りは考えられません。少々高価でも自分に合った見やすい偏光グラスを選ぶべきです。私はSWANSのグリーン、ブラウン系（昼間）、イエロー（夕方）のレンズを多用しています。余計な光が入ると見えづらいのでキャップも併用します。この2アイテムはミスキャストで毛バリが頭部や顔面などを直撃しても大丈夫なように保護具の役目も果たします。

釣った魚を収納する道具については、私は基本的にキャッチ派なのでビクかアユ釣りの引き舟を携帯します。ビクにタモを差し、引き舟の場合はベルトを着けたところにタモを差します。タモは自作の30㎝枠です。メジャー代わりにもなり、尺ヤマメが一発で分かります。川虫をたらふく食った本流ヤマメは塩焼きにすると脂がノリノリで最高にうまいです。刺身だとマグロの中トロの食感です。ただし消毒を兼ねて一旦冷凍してください（あとは自己責任で）。今まで、食べさせてまずいと言った人は一人もいません。そのくらい絶品です。滅多にお目にかかれない魚体をヒットさせた場合は、少々お金はかかりますが剥製《はくせい》にしてもよいでしょう。いつまでもヒットさせた日の感動が蘇《よみがえ》りますよ。

私の本流テンカラ釣り開眼エピソード

1990年代なかばからエサによる本流釣り人気が一気に高まり、利根川では知人が次々に尺ヤマメを手にしていた。沢ではお目にかかれない幅広で体高もあり、筋肉質の見事な魚体揃いだ。当時、「テンカラは利根川本流でやるものではない」というのが釣り人の共通認識であり、私自身「こんな所でやる必要はないだんべ」とも思っていた。しかしあの尺ヤマメを見て以来、寝ても覚めても頭から魚影が離れない。それが自分自身との葛藤の始まりになるとは……。

最初は沢や源流と同様に、本流だって日中でもいけるのではと思い、尺ヤマメが付いているポイントにエサを流すと違和感なく食いついてくる。しかし「毛バリも簡単に反応してくれるだろう」と流すと、水面には無反応。何かアテが外れたような感覚だった。

利根川でアユ釣りをしていたおかげで流れに対する違和感は全くなく、本流を朝から晩までひたすら右往左往する日々が続いた。周囲からは、「あれはバカじゃねえんか」と罵《ば》声《せい》を浴びていたかもしれない。私自身、「なんでこんなにイメージと違うんだろう」と心が折れ、沢や源流のほうが釣れるので一時逃避!?していたこともあった。

それでもあきらめ切れずに本流と向き合い続けているうちに、仕事にたとえればデータ取りとでもいうのか、「春先の雪代が出る1週間前の日中」「雪代のダム放水が収束する6月中旬～梅雨が明けるまでの間」「日中でも水位が減水気味で天気が曇りや小雨のとき」「水温が下がり始めた9月上旬～下旬」と、だんだん本流ヤマメによい時期、時間帯が分かってきた。そんな一つ一つの積み重ねが、今思えば本流テンカラにのめり込むきっかけだった。

初めて本流で尺ヤマメを釣ったのは渋川市赤城町赤城温泉前の通称「大島河原」で、梅雨の最中、霧雨混じりの日中だった。3・8mのテンカラザオ、ラインは市販の7mテーパーラインにハリス1・5mを結び、毛バリは#10ドライタイプ。瀬のヨレをねらって釣り下ると、5投目で水面から20㎝くらい飛び跳ねてヒット！ たまげて心臓が口から飛び出しそうになった。瞬間的にアワセが決まってよかったが、「ヤバイ、ヤバイ」とうわごとのように言葉を繰り返し、サオは元からひん曲がり右手だけでは伸されてしまい、両手で支えてすさまじい引きに耐え、イト鳴りもキュンキュン、なんとかタモに入り、その圧倒的な魚体にしばし見とれてしまった。

そんな経験をして以来、本流尺上ヤマメに対抗するために「もっと長いサオはできないものか」とサオのグリップを自分で長く加工したり、4・5mの渓流ザオをテンカラザオに改良したり、ロングラインを楽に振る工夫を重ねていった。その後、4・5～5mのロングロッドが開発され、ラインも各社から長い製品が発売されて気軽に本流テンカラが楽しめるようになったことは本当にうれしい。

本流テンカラ釣りの夢は果てしなく大きい。
そして、ときにはこんな大魚との出会いも

著者プロフィール

●石垣尚男（いしがき・ひさお）

テンカラ釣り歴 40 年。愛知工業大学教授、医学博士。つり人社からの著作は『超明快レベルラインテンカラ』ほか、DVD『テンカラ Hit Vision』『テンカラ新戦術』に出演。フロロカーボンのレベルライン釣法を分かりやすく国内外に広めてきた。

●大沢健治（おおさわ・けんじ）

テンカラ釣り歴 17 年。上州屋坂戸店店長、全日本暇人協会会員。仕事柄さまざまなジャンルの釣りに詳しい。渓流は源流から里川までエサとテンカラの二刀流で自在に楽しむ。エサ釣りやフライのエッセンスも取り込み、特に源流部の大イワナ釣りに高い実績を持つ。

●小林和則（こばやし・かずのり）

テンカラ釣り歴約 30 年。群馬県利根川本流をホームグラウンドに、大ヤマメをねらうテンカラ釣りを確立。自己レコードは52cmの戻りヤマメ。ＤＶＤ『本流尺上テンカラ（つり人社）では、毛バリを積極的に動かして大ヤマメを掛ける一部始終を実演している。

●吉田　孝（よしだ・たかし）

テンカラ釣り歴 20 年。「吉田毛鉤会」代表。全釣り協・公認インストラクター。TOKYO トラウトカントリー・テンカラインストラクター。DVD『テンカラ「１尾釣るまで！」塾。』（つり人社）に出演。さまざまな年齢層のテンカラ釣り普及に努めている。

テンカラ釣《つ》り超《ちょう》思《し》考《こう》法《ほう》

2018 年 3 月 1 日発行

著　者　石垣尚男・大沢健治・小林和則・吉田　孝
発行者　山根和明
発行所　株式会社つり人社

〒101－8408　東京都千代田区神田神保町１－30－13
TEL 03－3294－0781（営業部）
TEL 03－3294－0766（編集部）
印刷・製本　図書印刷株式会社

乱丁、落丁などありましたらお取り替えいたします。

ISBN：978-4-86447-311-8　C2075
つり人社ホームページ　https://tsuribito.co.jp/
つり人オンライン　https://web.tsuribito.co.jp/
TSURIBITO.TV-You Tube
https://www.youtube.com/user/eTSURIBITO
釣り人道具店　http://tsuribito-dougu.com/